KB168426

손에 익숙해져야 하는 단축키 7가지

현재 활성화된 창의 모든 항목 선택하기	command ⌘ + A
창 축소하기	command ⌘ + M
휴지통으로 이동하기	command ⌘ + delete
드래그한 항목을 다른 위치로 이동하기	command ⌘ 누른 상태로 드래그
드래그한 항목 복사하기	option 누른 상태로 드래그
전체화면 스크린샷 찍기	shift + command ⌘ + 3
지정 영역 스크린샷 찍기	shift + command ⌘ + 4

능력과 가치를
높이고 싶다면
된다!

쌤쌤티비의 친절한
맥 입문서!

한 시간이면 초보 뗀다!
빨리 익혀 바로 들고 나가자!

된다!

맥북&
아이맥

맥OS 소노마 **2024**년 판

쌤쌤티비, 케이트 지음

맥북 분야
1위

구독자 8만 명!

쌤쌤티비의
동영상 강의 제공!

이지스퍼블리싱

능력과 가치를 높이고 싶다면
된다! 시리즈를 만나 보세요.
당신이 성장하도록 돕겠습니다.

된다! 맥북&아이맥 — 맥OS 소노마 판
Gotcha! MacBook & iMac — macOS Sonoma

초판 발행 • 2024년 1월 2일
초판 2쇄 • 2024년 5월 31일

지은이 • 쌤쌤티비, 케이트
펴낸이 • 이지연
펴낸곳 • 이지스퍼블리싱(주)
출판사 등록번호 • 제313-2010-123호
주소 • 서울시 마포구 잔다리로 109 이지스빌딩 4층(우편번호 04003)
대표전화 • 02-325-1722 | **팩스** • 02-326-1723
홈페이지 • www.easyspub.co.kr | **페이스북** • www.facebook.com/easyspub
Do it! 스터디룸 카페 • cafe.naver.com/doitstudyroom | **인스타그램** • instagram.com/easyspub_it

총괄 • 최윤미 | **책임편집** • 임승빈 | **IT 1팀** • 임승빈, 이수경, 지수민
교정교열 • 강민철 | **표지 및 본문 디자인** • 트인글터 | **인쇄** • 보광문화사
마케팅 • 이나리 | **독자지원** • 박애림, 오경신
영업 및 교재 문의 • 이주동, 김요한(support@easyspub.co.kr)

• 잘못된 책은 구입한 서점에서 바꿔 드립니다.
• 이 책에 실린 모든 내용, 디자인, 이미지, 편집 구성의 저작권은 이지스퍼블리싱(주)와 지은이에게 있습니다.

ISBN 979-11-6303-541-1 13000
가격 18,000원

'올해에는 맥을 꼭 정복해 보겠다!'
마음 먹었다면 지금 시작해 보세요!

안녕하세요, 쌤쌤입니다.
오늘은 유튜브 채널이 아닌 책으로 인사를 드리게 되었는데요. 이렇게 《된다! 맥북 & 아이맥 – 맥 OS 소노마 판》으로 독자분들과 만나게 되어 정말 영광입니다.

이 책을 집필하면서 처음 맥북을 샀을 때가 생각났어요.

예쁜 애플 로고에 반해 무작정 갖고 싶어서 장만했던 맥북. 부푼 마음으로 맥을 사용하기 시작했지만 인터넷 서핑만 하다가 결국 불편해서 제대로 사용도 못 하고 말았어요. 그 후로 윈도우 PC를 사용했는데, 몇 시간 동안 열심히 작업한 내용이 PC가 다운되어 모조리 사라지기를 여러 번. 하늘이 와장창 무너지는 난감했던 일을 다수 경험하고, 안정적인 영상 편집을 위해 다시 맥북을 사용하기 시작했어요.
맥북에서의 작업은 너무나 쾌적하고 안심이 되었고, 이제는 맥의 편리함과 독특성에 매료되어 빠져나갈 수 없게 되었답니다.

이 책만 천천히 읽고 따라오면 여러분도 맥 전문가가 될 수 있답니다.

맥 초보자를 위해 집필을 시작하였지만, 막상 원고를 채워가다 보니 욕심이 생겨 더 알아 두면 좋은 팁들을 꾹꾹 눌러 담았어요. 맥 초보자부터 맥을 다룰 줄은 알지만 좀 더 전문적으로 사용하고 싶은 분들 모두에게 도움이 되도록 하였습니다.
글로 이해하기 어려운 부분은 QR코드 동영상으로 넣어두었으니 안심하고 실습해 보세요.

두려움 반 설렘 반으로 시작하였는데 어느덧 이렇게 7장까지 모두 완성이 되어 책으로 출간되는 것을 보니 참 뿌듯합니다. 여러분들도 시작하세요! 미루면 후회로만 남아요. '올해에는 맥을 꼭 정복해 보겠다!' 마음먹고 시작하면 못할 일이 없답니다. 이 글을 읽고 있다면 여러분은 이미 맥 전문가가 될 준비를 마친 것입니다.

당신을 응원합니다. 파이팅!

유튜브 '쌤쌤티비' 운영자 쌤쌤,
케이트 드림

차례

여섯 번째 이야기

맥으로 사진, 영상 편집하기

일곱 번째 이야기

아이폰, 아이패드와 함께 쓰는 맥

고품격 IT 리뷰! 에스테틱 언박싱 전문!!
쌤쌤티비에 방문하세요!

보는 것만으로도 힐링이 되는 영상! 미니멀&맥시멀 데스크테리어! 일상생활에 도움을 주는 IT 기기를 대신 써보고 정보를 알려 주는 '쌤쌤티비' 유튜브 채널에 방문해 보세요.

- 쌤쌤티비: youtube.com/@ssam

나의 능력과 가치를 높이고 싶다면?
이지스퍼블리싱 IT 블로그를 소개합니다!

나의 능력과 가치를 높이고 싶다면 이지스퍼블리싱 블로그에 방문해 보세요! 아이패드 활용법과 블로그 운영법, 노션 활용법은 물론 실무에서 사용하는 오피스 프로그램과 구글 업무 활용법, 포토샵, 일러스트레이터, 오토캐드와 같은 그래픽 도구 활용법까지 알려 드립니다!

- 블로그: blog.naver.com/easyspub_it

함께 성장하는 멋진 사람이 모인 공간!
Do it! 스터디룸!

책으로 공부하다 보면 질문할 곳이 마땅치 않아 고민한 적 많았죠? 질문도 해결하고 발전하는 친구도 만날 수 있는 'Do it! 스터디룸'을 소개합니다. 함께 공부하면서 일취월장 발전하는 자신을 발견할 것입니다.

- Do it! 스터디룸: cafe.naver.com/doitstudyroom

온라인 독자 설문 ◁ 의견도 보내고 선물도 받고!

오른쪽 QR코드를 스캔하여 이 책에 대한 의견을 보내 주세요. 더 좋은 책을 만들도록 노력하겠습니다. 의견을 남겨 주신 분께는 보답하는 마음으로 다음 6가지 혜택을 드립니다.

① 추첨을 통해 소정의 선물 증정 　② 이 책의 업데이트 정보 및 개정 안내
③ 저자가 보내는 새로운 소식 　④ 출간될 도서의 베타테스트 참여 기회
⑤ 출판사 이벤트 소식 　⑥ 이지스 소식지 구독 기회

 일러두기

- 이 책에서 사용한 이미지는 맥북 프로(2022년 버전)를 기준으로 캡처했습니다. 기기 모델에 따라 키보드의 구성이 다를 수 있습니다.
- 이 책에 쓰인 용어는 애플 공식 홈페이지와 맥 화면의 것을 그대로 사용했습니다.
- 이 책은 2015년부터 2022년까지 출간한 《된다! 맥북＆아이맥》의 최신 개정판입니다.

첫 번째 이야기

두근두근 처음 시작하는 맥

처음 맥북을 써보기로 결심하고 구입을 마친 여러분! 맥을 쉽게 정복할 수 있는 방법을 차근차근 알려 드릴게요. 이번 장에서는 먼저 윈도우와 맥의 차이점을 알아보고, 맥과 친해지는 연습을 해볼게요. 맥도 알고 보면 전혀 어렵지 않아요! 맥을 자유롭게 다루는 멋진 당신의 모습을 상상하며 시작해 보자고요!

01-1
맥OS와 윈도우의 차이점

기본 운영체제 이해 및 비교
난이도 ★☆☆

윈도우(Windows)와 맥OS(macOS)는 컴퓨터 운영체제(OS, Operating System)입니다. 운영체제란 말 그대로 컴퓨터를 운영하는 소프트웨어를 말합니다. 운영체제가 설치되어 있어야 컴퓨터의 모든 하드웨어와 소프트웨어를 관리할 수 있죠. 우리나라에서 가장 많이 사용하는 운영체제는 마이크로소프트의 윈도우입니다.

애플에서 만든 노트북 컴퓨터인 맥북은 자신만의 운영체제를 가지고 있는데, 그게 바로 맥OS랍니다. 맥OS는 높은 보안성과 안전성 덕분에 전 세계에서 긍정적인 반응을 얻고 있습니다.

또한 맥OS에서만 구동되는 로직 프로(Logic Pro), 파이널 컷 프로(Final Cut Pro), 모션 5(Motion 5)와 같은 프로그램은 음악 편집, 영상 편집, 그래픽 작업, 게임 제작과 같은 전문 분야에서 활용도가 높아서 전 세계의 여러 전문가에게 사랑받고 있습니다.

마이크로소프트의 윈도우 11

애플의 맥OS 소노마

대중성 면에서는 윈도우가 앞서지만, 맥을 한 번이라도 사용해 본 사람들이라면 맥을 계속 선택할 정도로 맥OS만의 매력이 있습니다. 이 두 운영체제의 가장 큰 차이점으로 '가격'을 빼놓을 수 없는데, 윈도우의 라이선스 비용은 20만 원이 넘지만 애플의 맥OS는 무료이며, 새로운 업데이트가 나올 때마다 모두 무료로 제공됩니다.

지금부터 자세히 살펴볼 맥OS를 이해하기 위해 마이크로소프트의 운영
체제인 윈도우와 비교해 볼까요? 이 둘은 어떤 점이 다르고 어떤 점이 비
슷한지, 기능에는 어떤 차이가 있는지 다음 표를 통해 하나씩 살펴보겠습
니다.

구분	윈도우	맥OS
사용자 환경	자유로운 인터페이스	단순한 디자인, 간결한 인터페이스
인터넷 환경	폭넓은 자유도에 초점을 맞춘 환경, 개인별 설정이 자유로움	보안성과 사용성에 초점을 맞춘 환경
바이러스 및 해킹	바이러스에 취약한 낮은 보안성	보안 프로그램이 필요 없을 정도로 뛰어난 보안성
운영체제 가격	구매자별, 버전별 가격이 다름	무료
파일 탐색 및 관리	탐색기 이용	파인더 이용

[알아 두면 좋아요!] 맥에서는 오피스 프로그램을 사용할 수 없나요?

윈도우에서 엑셀, 파워포인트, 워드와 같은 오피스 프로그램을 사용하려면 'Microsoft
365'를 구매해야 합니다. 하지만 맥은 '아이워크(iWork)'라는 오피스 프로그램을
무료로 제공합니다(업그레이드도 무료입니다). 아이워크는 파워포인트와 비슷한 키
노트(Keynote), 엑셀과 비슷한 넘버스(Numbers) 그리고 워드와 비슷한 페이지스
(Pages)로 구성되어 있습니다.

윈도우	맥
파워포인트	키노트
엑셀	넘버스
워드	페이지스

맥은 사용하기 어렵지 않나요?

기존에 윈도우를 사용했던 사람들이 맥을 처음 접하면서 느끼는 점을 한
마디로 요약한다면 '예쁘다' 또는 '불편하다'일 것입니다. 겉으로 보기엔
예뻐 보이지만 실제로 사용하기에는 불편하다는 말이죠.
하지만 맥은 아이폰과 아이패드처럼 기본적인 방식만 익히면 쉽게 사용
할 수 있습니다. 맥OS를 한 번 사용해 본 후에는 윈도우가 불편하게 느껴
지기도 합니다. 맥은 간결하면서도 명료합니다. 웹 서핑을 할 때도, 파일
을 다운로드해 정리할 때도, 태그를 달거나 자료를 복구할 때도 맥은 언
제나 친절하게 사용자 편에서 움직입니다.

맥OS 15번째 버전인 모하비 버전에서는 다크 모드를 이용해 새로운 느낌의 UI를 사용할 수 있게 됐습니다. 16번째 버전인 카탈리나 버전에서는 사이드카를 이용해 아이패드를 보조 디스플레이로 이용할 수 있게 되었고, 17번째 버전인 빅 서 버전에서는 사파리를 대폭 개선하여 더 사용하기 편리해졌습니다. 18번째 버전인 몬터레이 버전에서는 집중 모드를 선택하여 집중이 필요한 순간 원하는 알람만 울리도록 설정할 수 있게 되었습니다. 19번째 버전인 벤투라 버전에서는 스테이지 매니저 기능이 추가되어 데스크탑의 앱 및 윈도우를 깔끔하게 정리할 수 있게 되었고, 20번째 버전인 소노마 버전에서는 새로워진 위젯 갤러리를 활용해 위젯들을 더욱 다양한 방식으로 데스크탑에 배치하여 여러 가지 일을 위젯에서 바로 실행할 수 있게 되었습니다.

이제 맥을 하나씩 다뤄 보면서 맥OS의 기본 기능을 살펴보겠습니다.

소노마 버전 이후, 데스크탑에 위젯을 자유롭게 배치할 수 있습니다.

01-2

맥OS 인터페이스 둘러보기

기본 인터페이스
난이도 ★☆☆

맥OS 인터페이스에 관해 본격적으로 설명하기 전에 먼저 제가 사용하는
맥의 화면을 보여 드릴게요! 맥을 처음 접하면 헷갈릴 수 있는 화면 구성
요소의 이름도 적어 두었어요!

쌤쌤티비의 실제 맥 화면

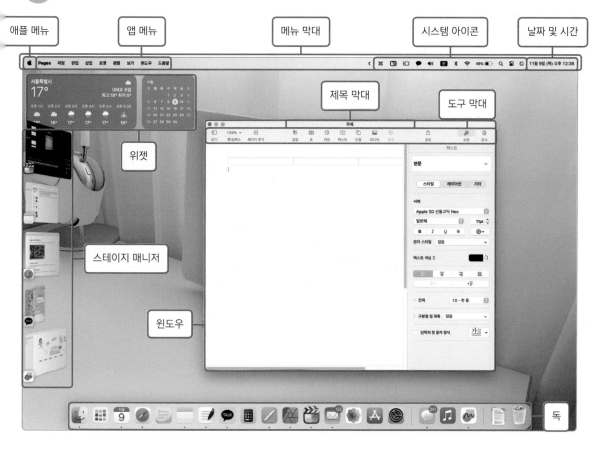

맥의 인터페이스 이해하기

맥의 화면은 깔끔합니다. 아무 것도 없는 듯하지만 사실은 많은 메뉴와 아이콘이 배치되어 있습니다. 지금부터는 맥 데스크탑의 기본 용어나 위치를 알아보겠습니다. 아마 맥을 처음 사용한다면 모두 다음과 같은 화면이 나타날 거예요! 인터페이스의 구성 요소를 하나씩 살펴보겠습니다!

❶ **애플 메뉴**: 소프트웨어 업데이트, 시스템 설정, 잠자기 및 시스템 종료 메뉴가 모여 있는 곳

❷ **데스크탑**: 응용 프로그램 윈도우가 나타나는 곳, 작업하기 위한 공간

❸ **독**: 자주 사용하는 응용 프로그램 및 폴더 바로가기 제공

❹ **앱 메뉴**: 현재 사용하는 앱의 메뉴 및 설정

❺ **상태 메뉴**: 컴퓨터 상태, 특정 기능의 바로가기 제공

❻ **스팟라이트**: 맥의 모든 자료를 한 번에 검색하는 검색 필드

❼ **제어 센터**: 와이파이, 블루투스, 에어드롭 등 여러 설정 항목을 제어하는 곳

❽ **시리**: 시리에게 요청하기

❾ **날짜 및 시간**: 클릭하면 메시지를 비롯한 캘린더, 메일, 미리 알림 등을 한 번에 볼 수 있는 알림 센터

1. 애플 메뉴(🍎)

윈도우의 시작 버튼과 비슷한 것으로 가장 기본적인 메뉴가 모여 있습니다. 현재 기기에 관한 정보와 시스템 설정, 소프트웨어 업데이트, 잠자기 및 시스템 종료 등의 하위 메뉴가 있습니다.

❶ 이 Mac에 관하여	❷ 시스템 설정	❸ App Store(앱스토어)
모델명, 프로세서, 그래픽, 메모리, macOS 등 나의 맥북에 관한 기본 정보를 볼 수 있습니다.	와이파이, 블루투스, 네트워크, 알림, 일반 설정, 제어 센터, 시리 등의 설정을 변경할 수 있습니다.	애플리케이션(응용 프로그램)을 검색해서 다운로드할 수 있습니다.

❹ 최근 사용 항목	❺ 강제 종료	❻ 기타 종료 메뉴
최근에 사용한 응용 프로그램이나 문서 등의 항목을 쉽게 찾아 바로 실행할 수 있습니다. 	맥에서의 강제 종료는 '프로그램 강제 종료'를 뜻합니다. 실행 중이던 앱이 응답하지 않으면 해당 응용 프로그램을 강제 종료할 수 있습니다. 	• **잠자기**: 완전히 종료하지 않고 전력 소모를 최소로 줄이는 방식입니다. 맥북의 경우 화면을 닫기만 해도 잠자기 모드가 실행됩니다. • **재시동**: 맥북을 껐다 켭니다. 재부팅이 필요할 때 사용합니다. • **시스템 종료**: 장기간 맥을 사용하지 않는다면 시스템을 종료합니다. • **화면 잠금**: 잠시 자리를 비워야 할 경우 화면 잠금 기능을 사용할 수 있습니다. • **로그아웃**: 현재 로그인 중인 애플 계정을 로그아웃할 수 있습니다.

2. 데스크탑

맥에서는 작업을 하기 위한 공간인 화면의 전체 영역을 데스크탑이라고
부릅니다. 응용 프로그램을 실행하면 이곳에서 윈도우가 열립니다. 윈도
우 PC의 바탕화면이라고 이해하면 쉬운데요, 맥에서는 데스크탑을 여러
개 만들어서 편리하게 사용할 수 있습니다.

3. 독

데스크탑 화면 아래에는 자주 사용하는 응용 프로그램이나 파일을 등록
해 둘 수 있는 독이 있습니다. 윈도우의 작업표시줄과 비슷하다 생각할
수도 있지만 맥의 독은 강력한 기능이 있습니다.

 독의 기능은 02-4절에서 자세히
다룹니다.

4. 앱 메뉴

애플 메뉴 바로 옆으로는 현재 사용하는 응용 프로그램의 이름과 메뉴
가 나옵니다. 윈도우 PC에서는 각 프로그램 윈도우에 메뉴가 나오지만
맥에서는 오직 이곳에만 메뉴가 표시됩니다. 실행하는 프로그램이 바뀌
면 이곳에 표시되는 이름과 메뉴가 변경됩니다. 아무 프로그램도 실행하
지 않은 기본 상태에서는 파인더 메뉴가 표시됩니다.

| **Finder** | 파일 | 편집 | 보기 | 이동 | 윈도우 | 도움말 |

5. 시스템 아이콘

데스크탑의 오른쪽 상단 메뉴 막대에는 현재 맥의 상태를 알려 주는 시스템 아이콘들이 모여 있습니다. 블루투스나 와이파이 연결, 배터리 정보, 키보드 입력, 스팟라이트, 제어 센터 등의 아이콘이 있고, 클릭하면 관련 설정 메뉴가 열려 손쉽게 설정을 변경할 수 있습니다.

 command ⌘ 키를 누르고 아이콘을 드래그하면 아이콘의 위치를 바꿀 수 있습니다. 단, 제어 센터와 시리의 위치는 고정입니다.

❶ 스팟라이트
돋보기 모양의 아이콘을 누르면 맥의 모든 자료를 한 번에 검색할 수 있는 검색 필드가 나타납니다. 응용 프로그램이나 파일, 폴더를 찾을 때도 아주 유용하니 꼭 기억해 두세요.

❷ 제어 센터
와이파이, 블루투스, 에어드롭 등 여러 설정 항목을 조정할 수 있는 곳입니다. 일부 항목들은 시스템 설정을 통하지 않고 이곳에서 바로 제어할 수 있어서 편리합니다.

❸ 날짜 및 시간
날짜 및 시간을 클릭하면 알림 센터가 열립니다. 메시지를 비롯한 캘린더, 메일, 미리 알림 등을 한 번에 확인할 수 있습니다.

맥의 기본적인 인터페이스를 알고 있다면 이미 맥의 절반은 이해하고 있는 것입니다. 앞으로 소개할 다양한 기능을 익힐 때 용어와 위치는 아주 중요하니 꼭 눈에 익히고 넘어가세요! 각 프로그램은 02장부터 자세히 살펴보겠습니다.

01-3

맥의 키보드와 친해지기

맥의 키보드는 윈도우 PC에서 쓰는 키보드와 다릅니다. 우리가 잘 아는 Ctrl 키는 맥에서 command ⌘ 키로 그 기능을 대신합니다. Enter 키는 return 키로 불리며, Del 키는 따로 없고 Backspace 키를 맥에서 Delete 키라고 부르지만, 그 기능 자체는 Backspace 키와 같습니다. 다른 점을 간단하게 표로 정리하면 다음과 같습니다.

 맥 키보드의 주요 키와 기호 표시
command ⌘: 커맨드(또는 cmd) ⌘
shift: 시프트 ⇧
option: 옵션 ⌥
control: 콘트롤 ^
caps lock: 캡스록
fn: 펑션 🌐

윈도우 PC	맥
Ctrl	command ⌘
Alt	option
Enter	return
Delete	fn + Backspace (⌫)
한/영	caps lock 혹은 fn

이처럼 맥의 키보드는 윈도우 PC와 다른 점이 많아서 처음에는 불편할 수도 있지만, 기본 키는 위치가 비슷해서 몇 번 사용해 보면 금방 익숙해집니다.

윈도우 PC에는 Backspace 키와 Del 키가 따로 있지만, 맥에는 ⌫ 키만 있습니다. 이 키의 사용법도 윈도우 PC와는 반대
인데요, 텍스트 입력 중에 커서 바로 앞의 글자를 삭제할 때에는 ⌫ 키를 사용하고, 커서 뒤의 글자를 삭제하고 싶다면 fn
키를 누르고 ⌫ 키를 누릅니다. 윈도우 PC와는 Delete 키의 사용이 달라 헷갈릴 수 있지만 사용하다 보면 크게 불편하지
않습니다.

- 커서 앞 글자를 지울 때: ⌫
- 커서 뒤 글자를 지울 때: fn + ⌫

그리고 앱 메뉴를 클릭해 보면 각각 항목의 키보드 단축키를 알 수 있습
니다. 단축키는 기호로 표시되어 있으니 눈으로 익혀 두면 좋아요. 맥의
키보드 단축키에 대한 자세한 내용은 01-10절에서 알아보겠습니다.

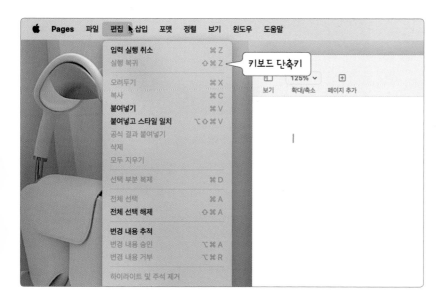

01-4

마우스 연결하고 설정 변경하기

기본 인터페이스, 마우스 설정
난이도 ★☆☆

마우스 오른쪽 버튼을 사용하려면?

맥을 처음 사용하다 보면 당황하는 일이 있는데 그것은 바로 마우스와 트
랙패드에 오른쪽 버튼이 따로 없다는 것입니다. 맥에서는 기본적으로 마
우스 오른쪽 버튼이 비활성화돼 있습니다. 윈도우 PC에서처럼 오른쪽 버
튼을 사용하려면 마우스나 트랙패드의 설정을 바꿔야 합니다.

맥북에서는 매직 마우스 대신
트랙패드를 주로 사용합니다.

애플의 매직 마우스

하면 된다! ⟩ 오른쪽 버튼 기능 활성화하기

1. 데스크탑 하단에 있는 독에서 [시스템 설정 ⚙]을 클릭합니다.

2. 왼쪽 사이드바 메뉴에서 아래쪽에 있는 [마우스]를 클릭합니다.

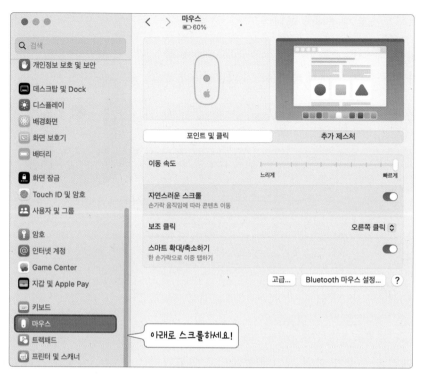

 [마우스]가 보이지 않는다면 먼저
마우스를 연결해 주세요.

3. [보조 클릭] 설정 옵션에서 [오른쪽 클릭]을 선택합니다.

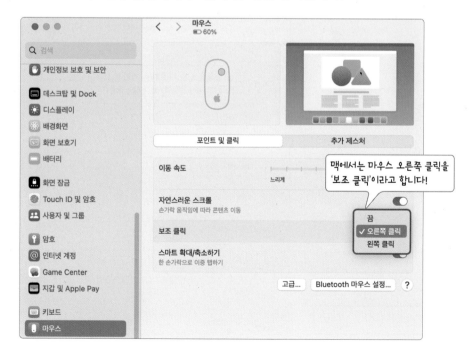

하면 된다! 〉 매직 마우스를 연결하는 방법

매직 마우스를 사용하려면 블루투스로 연결해야 합니다.

1. [애플 메뉴 → 시스템 설정]에서 [Bluetooth]를 클릭하고 Bluetooth를
켭니다. 이후 매직 마우스를 켜면 [근처 기기]에 매직 마우스가 나타납니다.

초록색으로 표시되면 켜진 것입니다.

2. [연결] 버튼을 클릭하면 매직 마우스가 나의 기기에 등록되고 연결됩
니다.

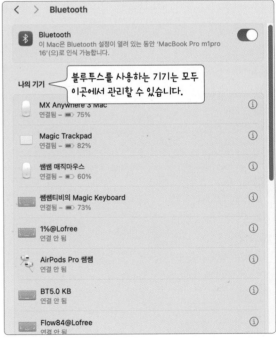

블루투스를 사용하는 기기는 모두
이곳에서 관리할 수 있습니다.

01-5

마우스보다 편한 트랙패드

기본 인터페이스, 트랙패드
난이도 ★☆☆

맥북에는 키보드의 아래쪽에 트랙패드가 있습니다. 기존 노트북의 터치
패드를 사용해 보았다면 이미 알고 있듯이 트랙패드는 터치를 이용해 입
력할 수 있습니다.

 아이맥을 사용하고 있다면 01-6절
로 넘어가도 됩니다.

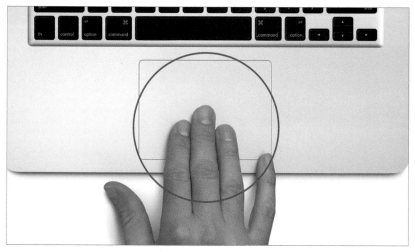

한 손가락 또는 최대 네 손가락까지 이용할 수 있는 트랙패드

트랙패드는 노트북의 터치패드와 달라요!

일반적인 노트북의 터치패드만으로 작업하면 생산성이 떨어지지만 애플
의 트랙패드는 다릅니다. 포인터가 사용자가 의도한 대로 움직여서 마우
스보다 훨씬 편하게 사용할 수 있습니다.

마우스보다 직관적이고 간편하게 사용할 수 있는 트랙패드의 사용 방법
과 설정 방법을 알아보겠습니다.

하면 된다! } 클릭을 터치로 바꾸기

한 손가락을 트랙패드에 올려놓고 이동하면 포인터를 이동할 수 있고 터치를 하면 명령을 입력할 수 있습니다.

맥북은 '딸깍' 하는 소리가 나도록 꾹 눌러야만 클릭한 것으로 설정돼 있는데, 이 방법은 오래 사용하다 보면 불편하기도 하고 손가락이 아플 수도 있습니다. 스마트폰의 화면을 터치하듯 트랙패드를 가볍게 탭해도 인식할 수 있도록 설정을 바꿔 보겠습니다.

1. 트랙패드 설정은 [시스템 설정]에서 할 수 있습니다. 데스크탑 하단의 독에서 [시스템 설정 🔘]을 클릭한 후 왼쪽 사이드바 메뉴에서 [트랙패드]를 클릭합니다.

데스크탑 하단의 독에서 [시스템 설정]을 누릅니다.

2. 오른쪽 트랙패드 설정에서 [탭하여 클릭하기]를 켭니다. 이제 간단한
터치만으로 명령을 실행할 수 있습니다.

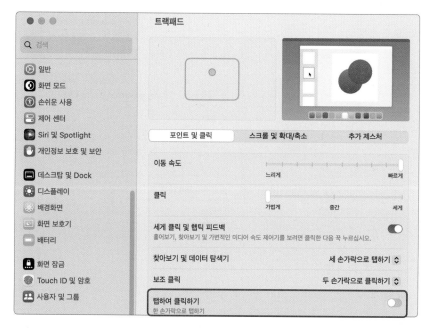

이제 한 손가락 터치로 클릭할 수 있습
니다.

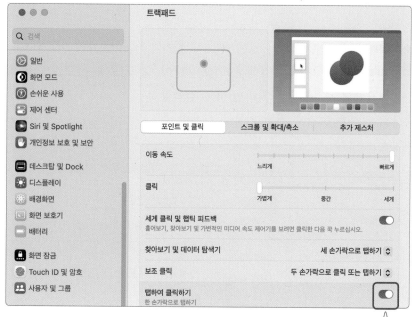

두 손가락 터치는 마우스 오른쪽 버튼
을 누른 역할을 합니다.

파랗게 표시되면 활성화된 거예요!

두 손가락으로 터치했는데 마우스 오른쪽 버튼
을 클릭하는 기능을 수행할 수 없다면 트랙패드
설정을 바꿔야 합니다.
트랙패드 설정 메뉴 중 [보조 클릭] 옵션을 클릭해
[두 손가락으로 클릭 또는 탭하기]를 선택해 주
세요.

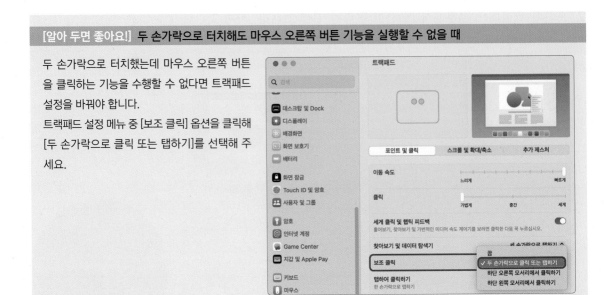

세 손가락으로 손쉽게 검색하기

터치의 압력을 인식하는 포스터치가 탑재된 맥북이나 아이맥에서 모르는
단어가 있을 경우에는 세 손가락을 이용해 검색할 수 있습니다. [트랙패
드]의 설정 메뉴 가운데 [찾아보기 및 데이터 탐색기] 옵션에서 [세 손가
락으로 탭하기]를 선택합니다. 이제 모르는 단어나 검색하고 싶은 단어
위에 포인터를 올려놓은 후 세 손가락으로 가볍게 터치하면 바로 검색할
수 있습니다. 또는 한 손가락으로 강하게 눌러도 검색 기능을 사용할 수
있도록 설정할 수 있습니다.

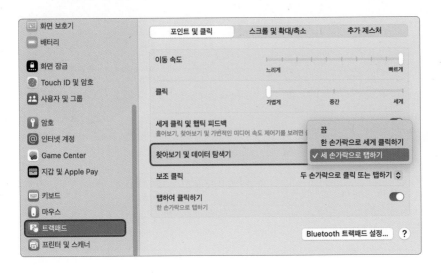

모르는 단어 위에 포인터를 올려놓고 세 손가락으로 터치하면 검색할 수 있습니다.

이미지 확대하기

이미지 확대는 웹 서핑이나 이미지 뷰어 등에 활용할 수 있습니다. 우선 확대하려는 곳에 포인터를 올려놓은 상태에서 다음 그림처럼 두 손가락을 모으고 원하는 만큼 양 옆으로 벌리면 이미지나 텍스트가 확대됩니다. 이때 방향은 상관없습니다. 스마트폰처럼 트랙패드에서도 두 손가락으로 이미지를 원하는 크기로 손쉽게 확대할 수 있습니다.

두 손가락을 모아 올려놓습니다.

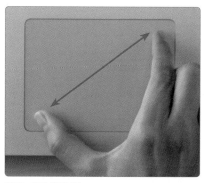

원하는 만큼 벌립니다.

 트랙패드의 추가 활용법은 03-2절을 참고하세요. 맥을 더욱 편리하게 사용할 수 있는 유용한 팁이 많습니다.

지금까지 트랙패드의 활용 방법을 살펴보았습니다. 스마트폰의 화면과 맥북의 트랙패드는 같은 역할을 한다고 볼 수 있습니다. 트랙패드를 사용할수록 스마트폰이나 태블릿 PC를 사용하는 느낌이 들 것입니다.

[알아 두면 좋아요!] 마우스 스크롤이 반대라서 헷갈려요! — 맥의 터치 입력 이해하기

맥에서 스크롤을 내리거나 전체 화면을 넘기는 등과 같은 동작이 처음에는 어색하고 어렵게 느껴질 수 있습니다. 예를 들어 윈도우 PC에서 인터넷 화면의 아래쪽을 보고 싶을 때는 마우스의 휠을 아래로 내리면 되는데 맥에서는 마우스의 휠을 위로 쓸어 올려야 합니다. 그 이유는 맥이 '터치'라는 개념을 마우스에 도입했기 때문이죠. 스마트폰으로 웹 서핑을 하다가 화면을 터치해 아래에서 위로 쓸어 올려야 아래의 내용이 보이는 개념을 맥에도 동일하게 적용했습니다. 즉, 아이폰이나 아이패드의 화면을 터치하듯 트랙패드나 마우스를 사용하는 모든 동작에도 같은 개념을 적용하고 있습니다. 처음에는 헷갈릴 수 있지만 적응하고 나면 훨씬 더 쉽고 간편하며 직관적이라는 느낌이 들 것입니다.

01-6
앱 열고 닫기

기본 인터페이스, 키보드 조작
난이도 ★★☆

맥의 응용 프로그램을 열고 닫는 것은 윈도우 PC와 다릅니다. 맥에서 앱을 열면 데스크탑에 윈도우가 열리며 실행된 앱의 이름과 메뉴가 메뉴 막대에 표시됩니다.

사파리 앱을 실행하면 [Safari]라는 이름과 메뉴가 표시됩니다.

응용 프로그램마다 메뉴가 바뀌어요!

데스크탑 맨 위 메뉴 막대를 봐주세요. 애플 메뉴 오른쪽으로 쭉 나오는 응용 프로그램 메뉴(앱 메뉴)가 보이나요? 이 응용 프로그램 메뉴는 실행되고 있는 프로그램에 따라 바뀝니다.

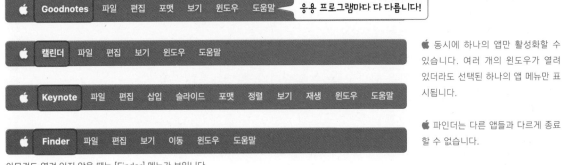

아무것도 열려 있지 않을 때는 [Finder] 메뉴가 보입니다.

 동시에 하나의 앱만 활성화할 수 있습니다. 여러 개의 윈도우가 열려 있더라도 선택된 하나의 앱 메뉴만 표시됩니다.

 파인더는 다른 앱들과 다르게 종료할 수 없습니다.

하면 된다! 〉 사파리 앱 열고 닫기

1. 데스크탑 하단의 독에서 [Safari ]를 클릭합니다.

 맥의 인터넷 브라우저는 'Safari' 입니다. 자세한 내용은 02-6절을 확인하세요.

2. 사파리 윈도우가 열리면 윈도우의 왼쪽 상단을 보세요. 윈도우 PC에는 창을 닫는 버튼이 오른쪽 위에 있지만 맥에는 왼쪽 위에 있습니다.

맥의 인터넷, 사파리 윈도우입니다.

3. 빨간색 버튼 ❌을 클릭하면 윈도우가 닫히고, 노란색 버튼 ➖을 클릭하면 최소화됩니다. 그리고 녹색 버튼 ✅을 클릭하면 전체 화면으로 전환됩니다.

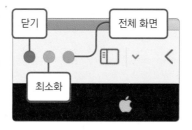

버튼들이 윈도우의 왼쪽 상단에 있습니다. 하나씩 눌러 보세요!

하면 된다! } 작업 창 비율을 유지하면서 확대/축소하기

기존과 같은 비율로 윈도우 크기를 확대할 수 있는 방법을 소개합니다.
여러 개의 앱을 실행해 작업할 때 같은 비율로 유지하면서 윈도우를 확대
하면 작업 효율을 높일 수 있으므로 알아 두면 유용합니다.

1. 독에서 파인더를 실행합니다.

2. `shift` 키를 누른 상태에서 모서리 끝을 클릭하고 드래그하세요. 가로
와 세로가 모두 똑같은 비율로 확대/축소되는 것을 볼 수 있습니다.

 `shift` 키는 키보드에 ⇧ 기호로 표
시되어 있습니다.

shift 키를 누른 채 드래그

3. 이번에는 option 키를 누른 상태에서 왼쪽, 오른쪽 그리고 위아래로 드래그해 보세요. 드래그하는 방향으로 좌우 또는 상하가 동일하게 확대/축소되는 것을 볼 수 있습니다.

option 키를 누른 채 드래그

4. shift + option 키를 동시에 누른 상태에서 드래그하면 모두 같은 비율과 같은 방향으로 확대/축소됩니다.

하면 된다! ⟩ 뒤에 배치된 윈도우 이동하기

현재 실행 중인 윈도우에서 작업을 계속 이어 나가고 싶지만 뒤쪽에 있는 윈도우의 자료를 봐야 하거나 활용하고자 할 때에는 앞에 실행한 윈도우를 유지하면서 뒤에 배치된 윈도우를 이동할 수 있습니다.

1. 독에서 아이콘을 클릭하여 앱을 두 개 실행합니다.

2. command ⌘ 키를 누른 상태에서 후면 윈도우의 제목 막대를 클릭한
채로 드래그하면 현재 윈도우를 전면에 유지하면서 뒤쪽에 있는 윈도우
를 이동할 수 있습니다.

 윈도우를 이동할 때는 상단의 제목
막대를 클릭하여 드래그합니다.

command ⌘ 키를 클릭한 상태에서 뒤쪽에 있는 윈도우를 드래그해 보세요.

하면 된다! ┤ 다양한 방법으로 앱 열기

맥은 데스크탑 독에서 앱 아이콘을 클릭하여 빠르게 앱을 열 수 있습니
다. 독에 아이콘이 없는 경우에는 다음 방법으로 앱을 열 수 있으니 여러
가지 방법을 알아 두면 좋습니다.

1. 독에서 [런치패드 ▦]를 클릭한 뒤, 열고자 하는 앱의 아이콘을 클릭합
니다.
런치패드에는 맥에 설치되어 있는 모든 앱이 모여 있습니다. 앱을 다른
앱 위로 드래그하여 쌓으면 앱 폴더가 생성되어 사용자에 맞게 앱을 정리
할 수 있습니다.

2. 데스크탑 오른쪽 상단의 메뉴 막대에서 스팟라이트를 클릭하고 검색 필드에 앱 이름을 입력하면 빠르게 앱을 찾아 열 수 있습니다. 간혹 영어로만 검색되는 앱이 있으니 주의해 주세요.

3. 독에서 [파인더 🖼]를 클릭하고 왼쪽 사이드바에서 [응용 프로그램]을 클릭하면 사용할 수 있는 앱이 윈도우 오른쪽에 보입니다. 원하는 앱을 더블클릭하면 바로 열 수 있습니다.

4. 시리에게 요청하여 앱을 열 수 있습니다. 시리에게 "메모 앱 열어 줘."라고 말해 보세요.

5. 최근에 사용한 앱을 열고 싶다면 [애플 메뉴 🍎 → 최근 사용 항목]에서 열고 싶은 앱을 클릭하면 됩니다.

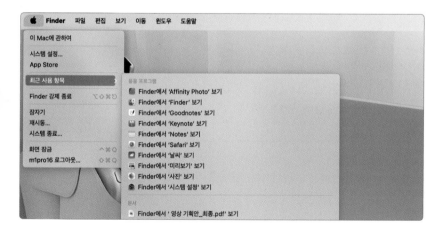

맥에서는 앱을 열 수 있는 여러 가지 방법이 있으니, 다양한 방법으로 앱을 실행해 보세요!

01-7

전체 화면 보기와 화면 전환하기

화면 설정, 창 크기 조절, 화면
전환 및 스크롤
난이도 ★☆☆

맥에서 윈도우를 전체 화면으로 전환하거나 중단하는 방법은 간단합니다.
전체 화면을 만들었지만 다시 축소하는 방법을 몰라 당황하는 경우도 많
은데 이번에는 이러한 전체 화면의 다양한 사용 방법을 살펴보겠습니다.

하면 된다! 〉 전체 화면 켜고 끄기

1. 실행 중인 윈도우 왼쪽 상단에 [전체 화면 ●]을 클릭하면 전체 화면으
로 전환됩니다.

 전체 화면 모드에서는 메뉴 막대와
독이 가려집니다. 포인터를 화면의 위
아래로 이동하면 메뉴 막대와 독이 각
각 표시됩니다.

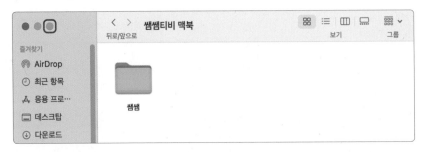

2. 전체 화면을 중단하려면 [전체 화면 ●]을 다시 클릭하거나 ● 으로 포
인터를 이동한 후 표시되는 메뉴에서 [전체 화면 종료]를 클릭합니다.

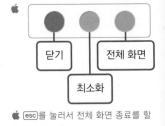

 esc를 눌러서 전체 화면 종료를 할
수도 있습니다.

하면 된다! 〉 작업 화면 전환하기

전체 화면을 실행해 작업하다가 갑자기 화면이 다른 화면으로 전환될 때가 있습니다. 맥에는 전체 화면 상태에서 마우스나 트랙패드로 화면을 전환할 수 있는 기능이 있기 때문입니다.

이 화면 전환 방법을 정확히 알고 있어야 여러 개의 전체 화면을 열어 놓은 상태에서 원하는 방향으로 이동하면서 편하게 작업할 수 있습니다.

 맥에서는 여러 개의 데스크탑(바탕화면)을 쓸 수 있어요. 전체 화면을 여러 개 실행하면 각각의 데스크탑 화면으로 보여집니다.

1. 트랙패드로 전환하는 방법

네 손가락으로 왼쪽 또는 오른쪽으로 쓸어 넘기면 데스크탑과 전체 화면 앱 간에 화면 전환이 됩니다. 쓸어 넘기는 방향으로 화면이 전환됩니다.

 [시스템 설정 → 트랙패드 → 추가 제스처]에서 [전체 화면 응용 프로그램 쓸어 넘기기]를 [세 손가락으로…]로 설정을 바꾸면 세 손가락일 때 전환되도록 설정을 바꿀 수 있습니다.

왼쪽 또는 오른쪽으로 쓸어넘깁니다.

2. 매직 마우스로 전환하는 방법

두 손가락으로 왼쪽 또는 오른쪽으로 쓸어 넘깁니다.

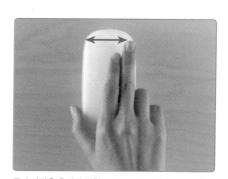

두 손가락을 움직인 방향으로 작업 화면이 전환됩니다.

3. 키보드로 전환하는 방법

control + 방향키 ◄ / ► 를 누르면 화면 전환을 할 수 있습니다.

하면 된다! ⦀ 화면 전환 기능 활용하기

화면 전환은 단순히 작업 창을 넘겨 보는 기능이 아니라 작업을 능동적으로 전환하는 데 도움을 주는 기능입니다. 화면 전환 기능을 활용하는 방법을 살펴보겠습니다.

1. [사파리 🧭]를 전체 화면으로 실행하면 사파리가 새로운 데스크탑으로 생성됩니다. 웹 사이트에서 복사할 영역을 드래그해 지정한 뒤 마우스 오른쪽 버튼을 누르고 [복사하기]를 클릭하여 복사합니다.

 독에서 [Safari] 아이콘을 클릭합니다.

 사파리 윈도우에서 [전체 화면●] 버튼을 클릭합니다.

 트랙패드를 두 손가락으로 탭하면 마우스 오른쪽 버튼을 누른 것과 같습니다. 이 설정은 01-4절에서 다뤘습니다.

2. 트랙패드에서 손가락 4개를 모은 후 왼쪽에서 오른쪽으로 쓸어 넘기면 처음 데스크탑(바탕화면)으로 돌아갑니다.

> 트랙패드에선 네 손가락으로, 매직 마우스에선 두 손가락으로, 키보드에선 control + 방향키를 눌러 전환하면 됩니다.

왼쪽에서 오른쪽으로 쓸어 줍니다.

3. 데스크탑에서 [메모 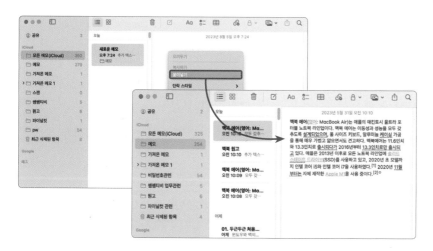]를 실행한 후 복사한 내용을 붙여 넣습니다. 마우스 오른쪽 버튼을 누르고 [붙여넣기]를 클릭하면 됩니다.

 화면 오른쪽 상단 스팟라이트 🔍 기능을 사용하면 메모 앱을 빠르게 실행할 수 있어요.

4. 이번에는 반대로 트랙패드를 오른쪽에서 왼쪽으로 쓸어 넘겨 화면 전환을 실행해 사파리 화면으로 돌아옵니다.

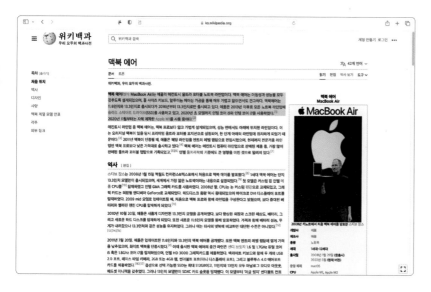

이렇게 화면을 전환해 보면서 다양하게 화면 전환 기능을 작업에 활용해 보세요.

01-8

한글, 영어, 한자 입력하기

키보드 조작
난이도 ★★☆

맥이 대중화되기 전 많은 사람이 맥을 처음 사용할 때 당황했던 부분
은 바로 한/영 전환을 하는 방법이었습니다. 맥북에는 스페이스바 옆의
[한/영] 전환키가 보이지 않기 때문이죠.
지금 출시되는 소노마 판 맥에서는 쿼티(QWERTY) 키보드의 [caps lock]
자리에 [한/A] 키가 있어서 직관적으로 알 수 있지만, 혹시 예전 맥을 사용
하는 분을 위해 한/영 전환 방법을 알려 드리겠습니다.

하면 된다! } 한/영 전환하기

1. 마우스로 변경하는 방법

데스크탑 오른쪽 상단 시스템 아이콘 중에 [한] 표시가 있는 상태라면 현
재 한글이 기본 입력 언어로 설정되어 있는 것입니다. [한]을 클릭한 후 바
꾸고 싶은 언어를 선택하면 다른 언어로 쓸 수 있습니다.

2. 키보드로 변경하는 방법

[한/영] 전환키 대신 [caps lock] 키를 누르면 키보드의 입력 문자가 바뀝니다.

키보드로 언어를 변경하려면 [caps lock]을 누릅니다.

 최근 출시되는 맥북에서는 키보드에 [caps lock] 대신 [한/A]으로 표시되어 있습니다.

영문 대문자를 사용하려면 [caps lock] 또는 [한/A]를 길게 눌러 줍니다.

하면 된다! ⟩ 한자 전환하기

1. 키보드로 변경하는 방법

[한자] 키 역시 [한/A] 키처럼 키보드에 없습니다. 환경설정에도 [한자] 키에 대한 설명은 없습니다.

윈도우 PC에서 한자로 바꾸고 싶은 글자를 입력한 후 [한자] 키를 눌렀던 것처럼, 맥에서도 한자로 바꾸고 싶은 글자를 먼저 입력한 후 키보드에서 [option] + [return] 키를 누르면 됩니다.

윈도우의 [Enter] 키가 맥에서는 [return] 키입니다.

키보드에서 [option] + [return] 키를 누릅니다.

예를 들어 한국어로 '미'를 입력한 후 바로 [option] + [return] 키를 누르면 한자로 변환할 수 있는 옵션이 나타납니다. 여기서 내가 원하는 한자를 선택하면 됩니다.

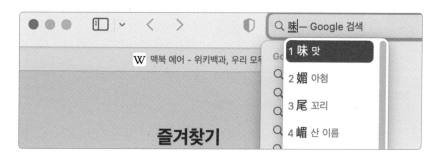

하면 된다! ⟩ 이모티콘 및 기호 입력하기

화살표나 원, 네모 등과 같은 기호를 입력하고 싶은데 어떻게 해야 할지
모른다면 마우스나 키보드의 단축키를 이용해 보세요.

1. 마우스로 입력하는 방법

카카오톡이나 문서 작성 중에 이모티콘을 넣고 싶을 때는 데스크탑 오른
쪽 상단에 [입력 메뉴 [한]]을 클릭한 후 선택 목록 중 [이모티콘 및 기호
보기]를 클릭합니다. 넣고 싶은 특수 문자를 더블클릭하면 그 자리에 바
로 입력됩니다.

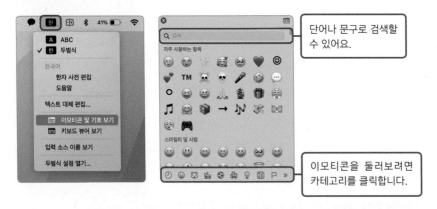

단어나 문구로 검색할
수 있어요.

이모티콘을 둘러보려면
카테고리를 클릭합니다.

2. 키보드로 입력하는 방법

키보드에서 control + command ⌘ + spacebar 키를 누르세요. 원하는 이
모티콘이나 기호를 더블클릭하면 바로 입력됩니다.

 fn + E 또는 + E 를 눌러도 됩
니다.

01-9

맥의 탐색기, 파인더

파일 관리, 파인더 설정
난이도 ★★☆

독의 맨 왼쪽에 있는 파인더(Finder)는 윈도우 PC의 탐색기와 비슷한 기능을 합니다. 파인더를 사용하면 파일을 찾거나 정리, 삭제, 편집하는 작업을 빠르고 편리하게 할 수 있습니다.

윈도우 PC를 사용해 본 사람이라면 파인더를 쉽게 사용할 수 있습니다. 여기에서는 파인더에서 파일을 분류하거나 태그를 달아 손쉽게 관리하는 방법 등을 알아보겠습니다.

파인더

하면 된다! } 파인더 살펴보기

1. 데스크탑 독에서 [Finder ]를 클릭합니다. 왼쪽 사이드 메뉴에 항목들을 하나씩 클릭해 보면 항목마다 파일이나 프로그램이 모여 있습니다. 폴더와 파일의 구조는 윈도우 PC의 탐색기와 동일합니다. 드래그로 파일 옮기기, 마우스 오른쪽 버튼을 클릭해 설정 변경하기 등을 할 수 있습니다.

독에서 파인더를 실행합니다.

파인더에서는 폴더와 파일, 응용 프로그램을 볼 수 있습니다.

2. 파인더의 왼쪽 사이드바 즐겨찾기에서 [다운로드]를 클릭해 보세요.
인터넷에서 다운로드한 파일 및 프로그램을 확인할 수 있습니다.

 도구 막대에서 아이콘 이름이 보이지 않는다면 앱 메뉴에서 [파인더 → 보기 → 도구 막대 사용자화]를 클릭하고 맨 아래 [보기]를 [아이콘 및 텍스트]로 변경하세요.

[알아 두면 좋아요!] 다운로드한 파일 쉽게 찾기

다운로드 폴더는 독의 휴지통 왼쪽에 있습니다. 이 폴더를 클릭하면 인터넷에서 최근에 다운로드한 파일 및 프로그램을 쉽고 빠르게 열어 볼 수 있습니다. 사진을 다운로드했다면 이곳을 클릭해 보세요. 바로 열어 볼 수 있습니다.

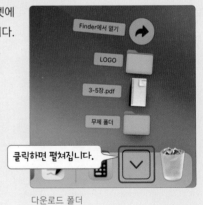

다운로드 폴더

3. 이번엔 [문서]를 클릭해 보세요. [문서]는 여러 가지 파일을 담을 수 있는 공간입니다. 기본적으로 비어 있기 때문에 사용자가 원하는 것들로 채울 수 있습니다. 하위 폴더를 추가로 만들어 체계적으로 관리하면 파일을 좀 더 쉽게 찾을 수 있습니다.

하면 된다! ⟩ 파인더의 상단 메뉴 살펴보기

1. 상단의 도구 막대 중 [보기 형식 ▦] 버튼을 클릭하면, 파일을 보는 방식, 정렬 순서 등을 바로 바꿀 수 있습니다.

 만약 도구 막대의 버튼이 ▦⌄로 보인다면 윈도우를 확대해 보세요.

2. [보기 형식 ⊞] 버튼을 클릭해 보세요. 아이콘과 이름을 간략하게 볼 수 있습니다. [목록 ▤] 버튼을 클릭해 보세요. 이름, 수정일, 크기, 종류를 한눈에 볼 수 있습니다.

3. [계층 ▥] 버튼을 클릭하면 폴더의 주소를 직관적으로 볼 수 있습니다. [갤러리 ▤] 버튼을 클릭하면 내용을 미리 보고 간단한 수정도 할 수 있습니다.

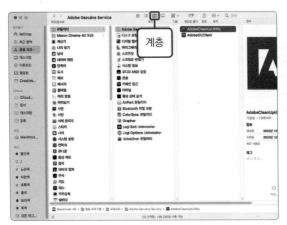

4. 파인더에서 아무 파일이나 폴더를 클릭한 후 [동작 ⊙ˇ] 버튼을 클릭하면 다양한 작업을 할 수 있습니다.

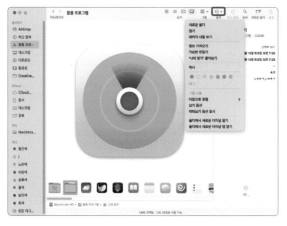

맥OS의 유용한 기능 중 하나인 태그도 이곳에서 할 수 있는데요. 바로 뒤에서 실습해 볼게요.

하면 된다! } 파인더에서 폴더 생성, 삭제하기

1. 파인더 왼쪽 사이드바에서 [다운로드]를 클릭한 후 오른쪽 빈 공간에서 마우스 오른쪽 버튼을 누르고 [새로운 폴더]를 선택하면 폴더가 생성됩니다.

 파인더가 '최근 항목'으로 되어 있다면 여기에는 폴더를 생성할 수 없습니다.

2. 새로 만든 폴더에 넣고 싶은 파일이 있으면 폴더 위로 드래그하면 됩니다. 폴더를 더블클릭하면 이동한 파일이 있는 것을 확인할 수 있습니다.

3. 폴더를 삭제하려면 폴더를 선택하고 [command ⌘] + [delete]를 누르면 됩니다. 또는 폴더를 마우스 오른쪽 버튼으로 누른 후 [휴지통으로 이동]을 선택하거나, 폴더를 독의 휴지통으로 드래그하면 바로 삭제가 됩니다.

 휴지통을 비울 때까지 해당 항목은 삭제되지 않습니다.

 맥 키보드의 [delete] 키는 ⟨X⟩로 표시되어 있습니다.

[알아 두면 좋아요!] 도구 막대 사용자화로 쉽게 새 폴더 만들기

파인더를 사용하기 전에 도구 막대를 사용자화하면 편리합니다. 도구 막대의 빈 공간에서 마우스 오른쪽 버튼을 누르고 [도구 막대 사용자화]를 클릭합니다. 여기에서 자주 사용하는 항목을 도구 막대 위로 드래그하면 도구 막대에 추가됩니다.

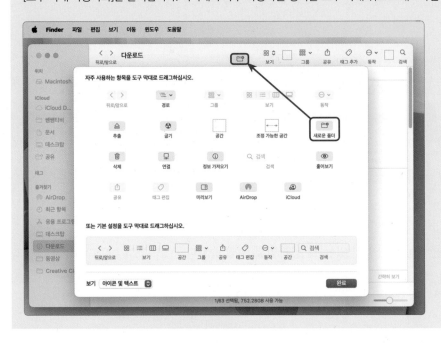

하면 된다! ᠈ 태그 활용해 파일 관리하기

만약 관리해야 할 파일이 많고 복잡하다면, 맥OS의 태그 기능을 사용해
파일을 정리해 보세요. 파일들을 태그로 지정해 두면 폴더별로 정리할 수
있을 뿐 아니라 태그별로 파일을 모아 볼 수도 있습니다. 파인더에서 해
당 태그 폴더를 선택하면 지정한 색깔별로 모아 볼 수 있으므로 파일을
좀 더 효율적으로 관리할 수 있습니다.

1. 파인더에서 파일 또는 프로그램을 클릭하여 선택한 후 [동작 ⊙⌄] 버
튼을 클릭해 태그 색상을 선택합니다.

2. 간단한 인증을 거친 후 태그를 넣을 수 있습니다.

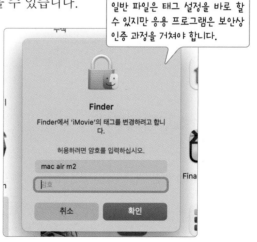

응용 프로그램은 일반 파일과 달리 비밀번호를 입력해야 합니다.

3. 태그를 지정하면 파일 이름 앞에 지정해 둔 색깔이  표시됩니다. 태
그를 지우려면 파일을 선택한 후 마우스 오른쪽 버튼을 누른 다음 같은
색을 클릭하면 태그가 제거됩니다.

4. 도구 막대에서 [동작 ⊙~]을 클릭하고 [다음으로 그룹화 → 태그]를
선택하면 앞에서 지정한 대로 색깔별로 그룹핑된 앱들을 볼 수 있습니다.

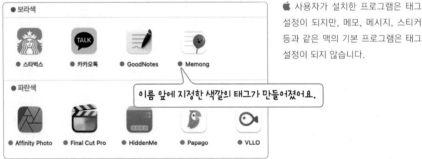

태그 색깔별로 그룹핑하여 정리되었습니다.

 사용자가 설치한 프로그램은 태그
설정이 되지만, 메모, 메시지, 스티커
등과 같은 맥의 기본 프로그램은 태그
설정이 되지 않습니다.

이름 앞에 지정한 색깔의 태그가 만들어졌어요.

하면 된다! ⟩ 파일 이름 1초 만에 바꾸기

파일이나 폴더의 이름은 파일을 선택한 후 [동작 ⊙~ → 이름 변경]을 클
릭하여 바꿀 수 있지만, 더 쉽게 파일 이름을 바꾸는 방법을 소개합니다.

1. 이름을 바꿀 파일이나 폴더를 한 번 클릭하여 선택하고 이름 부분을 다
시 한번 클릭합니다. 이름을 변경할 수 있게 바뀌면 이름을 입력합니다.

 파일을 클릭하고 return 을 눌러도
이름을 변경할 수 있습니다.

선택하고 이름 부분 클릭

원하는 항목만큼 드래그해 이름의 전체 또는 일부를 변경할 수 있습니다.

2. 모두 입력한 후에는 [return]을 누릅니다.

폴더 이름이 변경되었어요.

파일 아이콘 정렬하기

파인더를 사용하다 보면 파일이 너무 많아 정리가 필요할 때가 있습니다. 이럴 때는 아이콘 정렬이 필요한데요, 파인더 [보기 옵션]을 통해 정리해 보겠습니다.

1. 파인더를 열고 [동작 ⚙ˇ → 보기 옵션]을 클릭합니다. [보기 옵션] 윈 도우에서 아이콘 크기, 격자 간격, 텍스트 크기 등을 조절할 수 있어요.

2. [정렬] 오른쪽의 [옵션◆] 버튼을 클릭하면 정렬 방법을 원하는 방식으로 설정할 수 있습니다.

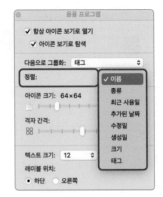

폴더 우선 정렬

파인더에서 파일을 정렬하면 정렬 옵션에 따라 폴더의 위치가 변동되는 것을 볼 수 있습니다. 그래서 폴더를 찾기 어려운 경우가 있는데 이럴 때는 폴더 속성을 변경해 항상 위에 표시되도록 만들 수 있습니다.

1. 애플 메뉴 🍎 옆 [Finder → 설정]을 클릭한 후 설정 윈도우에서 [고급⚙️]을 클릭한 뒤 항목에 있는 [윈도우에서(이름순으로 정렬 시)]를 클릭합니다.

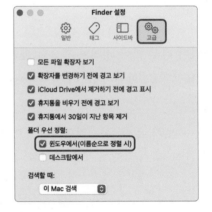

2. 이제 정렬 방법이 바뀌어도 폴더는 항상 먼저 표시되는 것을 볼 수 있습니다.

이름순으로 정렬하더라도 폴더가 가장 위에 나타납니다.

파인더 도구 막대의 빈 공간에서 마우스 오른쪽 버튼을 눌러 [아이콘 및 텍스트]를 선택하면 아이콘 아래에 설명이 표시됩니다.

스마트 폴더 만들기

파인더에는 내가 원하는 조건으로 폴더를 만들 수 있는 '스마트 폴더' 기능이 있습니다. 예를 들어 '쌤쌤'이라는 이름이 들어간 '오늘' 사용된 파일만 따로 모아 주는 폴더를 만들 수 있습니다. 방법은 간단합니다.

1. 파인더 앱 메뉴에서 [파일 → 새로운 스마트 폴더]를 클릭한 후 [추가 ⊞] 버튼을 눌러 조건을 추가하고 [저장] 버튼을 클릭합니다.

2. 스마트 폴더의 이름과 저장할 위치를 지정할 수 있습니다. 이때 [사이드바에 추가]에 체크 표시하면 파인더의 왼쪽 사이드바에 폴더가 나타납니다. [저장]을 클릭하면 스마트 폴더가 생성됩니다.

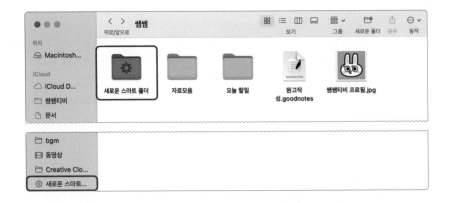

[알아 두면 좋아요!] 폴더 속성 보기

파일을 상세 보기 하면 파일의 특성을 알 수 있듯이, 폴더도 [정보 가져오기]를 통하여 속성을 볼 수 있습니다. 생성일과 수정일, 위치는 물론 어떤 폴더가 용량을 많이 차지하는지 크기와 포함된 항목 수도 알 수 있습니다. 확인하는 방법도 간단합니다. 알아보고 싶은 폴더에서 마우스 오른쪽 버튼을 클릭한 후 [정보 가져오기]를 선택합니다. 바로 정보 윈도우가 열려 해당 폴더의 상세한 정보를 확인할 수 있습니다.

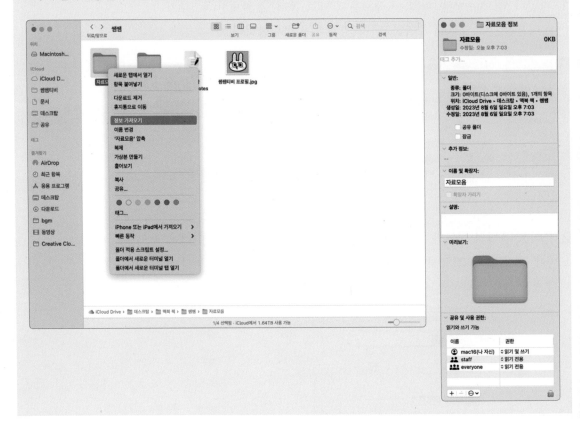

지금까지 파인더의 사용 방법을 살펴보았습니다. 파인더 사용 방법은 간단하지만 파인더 역시 자신의 취향에 맞춰 설정을 바꾸면 더욱 편리하게 사용할 수 있습니다. 처음에는 조금 복잡해 보일 수도 있지만 익숙해지면 맥북 사용이 한층 자유로워집니다.

저만의 폴더 관리 노하우를 간단히 알려 드릴게요. 여러 작업으로 파일이 많아졌다면, 주제별로 폴더를 만들고 하위 폴더를 만들어 깔끔하게 정리하기. 파일 관리는 파인더에서! 잊지 마세요.

쌤쌤티비의 아이클라우드 폴더

01-10

알아 두면 편해요, 단축키

키보드 조작
난이도 ★★☆

여러 가지 복잡한 명령을 간단하게 만드는 단축키를 활용하면 작업 시간을 단축할 수 있습니다. 맥을 사용하면서 효율성을 높이려면 간단한 단축키를 익혀 두는 것이 좋은데 맥에 숨어 있는 단축키는 100가지도 넘어서 모두 기억하기는 어렵습니다. 여기에서는 가장 유용한 단축키만 소개해 보겠습니다.

단축키에 자주 쓰이는 5가지 키

맥의 단축키는 키보드 왼쪽 아래의 5가지 키를 가장 많이 사용합니다. 왼쪽 위부터 (shift), (fn), (control), (option), (command ⌘)입니다.

원도우 PC의 (Alt)는 맥에서 (option)이며, (Ctrl)은 맥에서 (command ⌘)입니다. 예를 들어 원도우 PC에서는 복사를 하기 위해 (Ctrl) + (C)를 사용했다면 맥에서는 (command ⌘) + (C)를 사용합니다. 즉, 원도우 PC에서 (Ctrl)을 사용했다면 맥에서는 (command ⌘)가 대신합니다. (option) 또한 마찬가지입니다.

 원도우 PC의 (Ctrl)은 맥의 (command ⌘), 원도우 PC의 (Alt)는 맥의 (option)으로 쉽게 기억하세요!

맥에서 일반적으로 사용하는 단축키

- `command ⌘` + `A`: 모든 항목 선택하기
- `command ⌘` + `X`: 선택한 항목을 잘라 내어 클립보드에 복사하기
- `command ⌘` + `C`: 선택한 항목을 클립보드에 복사하기
- `command ⌘` + `V`: 현재 위치에 붙여넣기
- `command ⌘` + `Z`: 이전 명령을 실행 취소하기
- `shift` + `command ⌘` + `Z`: 실행 취소 명령을 되돌리기
- `command ⌘` + `S`: 현재 문서를 저장하기
- `command ⌘` + `P`: 현재 문서를 출력하기
- `command ⌘` + `T`: 새 탭 열기
- `command ⌘` + `F`: 문서에서 항목을 찾거나 찾기 윈도우 열기
- `command ⌘` + `M`: 전면에 있는 윈도우를 최소화하여 독에 추가하기
- `command ⌘` + `option` + `M`: 전면에 있는 앱의 윈도우를 모두 최소화하기
- `command ⌘` + `W`: 전면에 있는 윈도우 닫기
- `option` + `command ⌘` + `W`: 앱의 모든 윈도우 닫기
- `option` + `command ⌘` + `esc`: 앱 강제 종료하기
- `control` + `command ⌘` + `spacebar`: 이모티콘 및 기타 기호를 선택할 수 있는 문자 뷰어 표시하기
- `control` + `command ⌘` + `F`: 앱을 전체 화면으로 키우기
- `spacebar`: 선택한 항목 훑어보기
- `command ⌘` + `tab`: 열려 있는 앱 중에서 가장 최근에 사용한 순서에 따라 다음 앱으로 전환하기
- `command ⌘` + `,`: 전면에 있는 앱의 환경 설정 열기

스크린샷 찍기

- `shift` + `command ⌘` + `3`: 전체 화면 스크린샷 찍기
- `shift` + `command ⌘` + `4`: 선택 영역 스크린샷 찍기
- `shift` + `command ⌘` + `5`: 스크린샷을 찍거나 화면을 기록하기

 스크린샷과 관련하여 자세한 내용은 이후 01-11절에서 진행합니다.

문서나 메시지를 작성하던 중 이모티콘을 입력하고 싶을 때에는 키보드에서
`control` + `command ⌘` + `spacebar` 를 누르면 이모티콘 윈도우가 열립니다.
간단하게 키보드의 `fn` 키를 눌러서 불러오는 방법도 있습니다.
[애플 메뉴 → 시스템 설정 → 키보드]에서 [🌐 키를 누를 때 실행할 동작] 옆에
옵션 버튼을 클릭하고 [이모티콘 및 기호 보기]로 선택합니다. 이제 키보드 왼쪽
맨 아래 있는 `fn` 키를 눌러도 이모티콘을 불러올 수 있습니다.

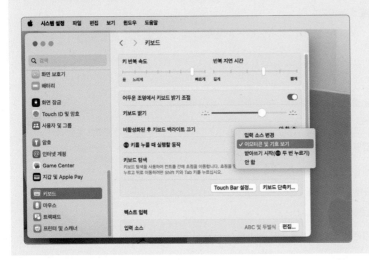

사파리 키보드 단축키

맥의 사파리 앱에서 키보드 단축키 및 제스처를 사용하면 여러 작업을 빠
르게 실행할 수 있습니다.

스크롤하기 동작	단축키
위, 아래, 왼쪽 또는 오른쪽으로 스크롤	방향키 누르기
더 큰 간격으로 스크롤	`option` 을 누른 채로 방향키 누르기
화면 아래로 스크롤	`spacebar`
화면 위로 스크롤	`shift` + `spacebar`
웹 페이지의 왼쪽 상단이나 왼쪽 하단 모서리로 스크롤	`command ⌘` + `▲` `command ⌘` + `▼`

🍎 사파리와 관련하여 자세한 내용은
이후 02-6절에서 진행합니다.

사파리 웹 페이지 단축키

- `command ⌘` + `F`: 현재 웹 페이지 내용에서 검색하기
- `esc`: (스마트 검색 필드에 입력하는 동안) 현재 웹 페이지 주소 복원하기
- `command ⌘` + `L`: 스마트 검색 필드 선택하기
- `command ⌘` + `P`: 현재 웹 페이지 프린트하기
- `command ⌘` + `C`: 선택한 항목 복사하기
- `command ⌘` + `V`: 가장 최근에 복사한 항목 붙여넣기
- `command ⌘` + `Q`: 모든 탭 닫기
- `command ⌘` + `W`: 활성화된 탭 닫기
- 탭의 닫기 버튼을 `option` + 클릭하기: 하나의 탭을 제외한 모든 탭 닫기
- `shift` + `command ⌘` + `T`: 마지막으로 닫은 탭 다시 열기

파인더에서 사용할 수 있는 기타 단축키

- `command ⌘` + `shift` + `A`: 응용 프로그램 폴더 열기
- `command ⌘` + `E`: 추출하기
- `command ⌘` + `I`: 요약 정보 가져오기
- `command ⌘` + `M`: 윈도우 축소하기
- `command ⌘` + `option` + `M`: 모든 윈도우 축소하기
- `command ⌘` + `N`: 새로운 파인더 윈도우 열기
- `command ⌘` + `shift` + `N`: 새로운 폴더 만들기
- `command ⌘` + `shift` + `Q`: 로그아웃하기
- `command ⌘` + `shift` + `option` + `Q`: 즉시 로그아웃하기
- `command ⌘` + `W`: 윈도우 닫기
- `command ⌘` + `option` + `W`: 모든 윈도우 닫기
- `command ⌘` + `option` + `Y`: 슬라이드쇼하기
- `command ⌘` + `[`: 이전 폴더로 이동하기
- `command ⌘` + `]`: 다음 폴더로 이동하기
- `command ⌘` + `delete`: 휴지통으로 이동하기
- `command ⌘` + `shift` + `delete`: 휴지통 비우기
- `command ⌘` + `shift` + `option` + `delete`: [확인] 대화상자 없이 휴지통 바로 비우기
- `command ⌘` 누른 상태로 드래그: 드래그한 항목을 다른 위치로 이동하기
- `option` 누른 상태로 드래그: 드래그한 항목 복사하기

 파인더와 관련하여 자세한 내용은 이전 01-9절을 확인하세요.

모든 단축키를 외울 필요는 없습니다. 자신에게 유용한 기능이나 자주 사용하는 기능에 관련된 단축키를 몇 가지 알고 있다면 작업 시간이 훨씬 줄어들고 일의 효율성도 높아집니다.

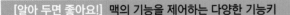

맥에서 모니터의 밝기 조절, 음악 재생, 스피커 음량 조절 등의 기능을 조절할 수 있는 기능키들은 키보드 맨 윗줄에 있습니다.

[F1]: 모니터 화면 밝기 낮추기   [F2]: 모니터 화면 밝기 높이기

[F3]: 미션 컨트롤 실행하기   [F4]: 스팟라이트

[F5]: 받아쓰기   [F6]: 방해 금지 모드

[F7]: 앞 곡으로 돌아가기   [F8]: 영상, 오디오 파일 재생 및 정지하기

[F9]: 다음 곡 듣기   [F10]: 스피커 소리 끄기

[F11]: 스피커 음량 낮추기   [F12]: 스피커 음량 높이기

기능 키를 맥을 제어하는 용도가 아니라, 윈도우 PC의 기능 키와 같이 각 키에 지정된 작업을 수행하는 '표준 기능 키'로 사용하고 싶다면 [fn] 키를 함께 누른 채 사용하면 됩니다. 예를 들어 [fn] 키를 누른 상태에서 [F4] 키를 함께 누르면 스팟라이트를 실행하는 대신 [F4] 키에 지정된 작업이 수행됩니다.

[fn] 키를 누르지 않고 기능 키들을 표준 기능 키로 바로 사용하고 싶다면 [애플 메뉴 → 시스템 설정 → 키보드 → 키보드 단축키…]에서 [기능 키]를 클릭한 후 [[F1] , [F2] 등의 표준 기능 키로 사용]을 활성화 합니다.

하면 된다! } 자동 입력 텍스트 추가하기

이번에는 단축키는 아니지만 단축키보다 더 유용하게 쓸 수 있는 [텍스트 대치] 기능을 소개합니다. 같은 텍스트를 여러 번 입력해야 할 때 지정해 둔 줄임말만 입력해도 자동으로 원하는 텍스트가 입력되도록 설정할 수 있습니다. 이메일 주소나 통관 번호, '안녕하세요', '감사합니다' 등과 같은 내용을 자동 입력되게 설정하면 편리합니다.

1. [애플 메뉴 → 시스템 설정 → 키보드]에서 [텍스트 입력] 항목의 [텍스트 대치...] 버튼을 클릭합니다.

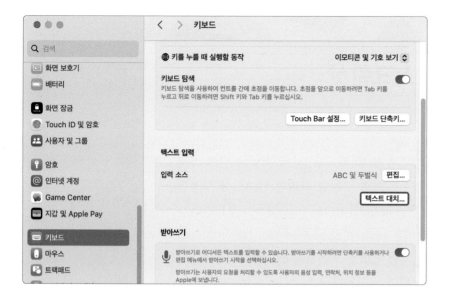

2. 입력 창에서 [추가 버튼 ⊞]을 클릭한 뒤, '대치'에는 줄임말을 입력하고 '대치 항목'에는 자동 입력될 텍스트를 입력한 뒤 추가 버튼을 클릭합니다.

3. 앞으로는 '대치'로 지정해 둔 내용만 입력해도 '대치 항목'으로 자동으로 입력됩니다.

01-11

맥의 화면 캡처, 스크린샷

키보드 조작
난이도 ★★☆

현재 보고 있는 화면을 캡처하고 싶을 때 윈도우 PC에서는 [프린트 스크린] 키를 누릅니다. 하지만 맥에서 화면 캡처를 하려면 단축키를 사용합니다. 전체 화면을 캡처하고 싶을 때는 shift + command ⌘ + 3, 원하는 영역만 지정해 캡처하고 싶을 때는 shift + command ⌘ + 4 를 누르고 십자선 포인터 ✛를 드래그해 캡처할 영역을 선택하면 됩니다. 기본적으로 스크린샷은 데스크탑에 저장됩니다.

 스크린샷 찍기를 취소하려면 esc 키를 누릅니다.

위 단축키를 지금 눌러 보세요. 단축키를 누르는 순간 '찰칵!' 소리와 함께 캡처된 이미지가 데스크탑에 저장되는 것을 확인할 수 있습니다. 기본적으로 설정돼 있는 단축키가 너무 복잡하다고 생각된다면 설정을 간단하게 바꿀 수 있습니다.

 이미지를 캡처할 때 소리가 너무 크거나 거슬린다면 소리 크기를 줄이거나 무음으로 설정하세요.

하면 된다! } 스크린샷 단축키 간단하게 바꾸기

스크린샷은 기본적으로 3개의 키를 누르게 되어 있습니다. 평소에 스크린샷을 자주 찍는다면 불편할 수 있는데 이를 2개의 키로 변경해 보겠습니다.

1. [애플 메뉴 → 시스템 설정 → 키보드]를 클릭한 후 [키보드 단축키...] 버튼을 클릭합니다.

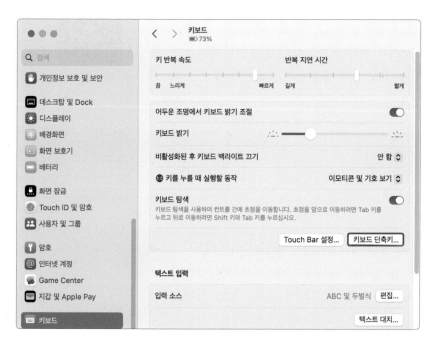

2. 팝업 윈도우에서 [스크린샷]을 클릭하면 현재 설정된 기본 단축키를 확인할 수 있습니다.

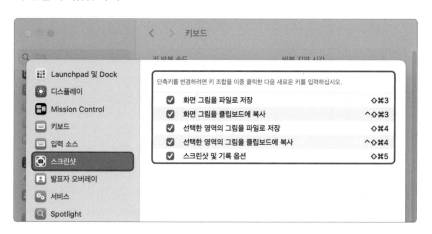

3. 오른쪽 창의 단축키 부분을 더블클릭하고 변경하고 싶은 단축키를 누릅니다. 각각의 항목에 [command ⌘]+[3], [command ⌘]+[4], [command ⌘]+[5]를 눌러 입력합니다.

사용하기 쉽게 단축키를 바꿀 수 있습니다.

스크린샷 단축키 바꾸는 법

스크린샷 다른 곳에 저장하는 법

기존에는 동시에 3개의 키를 눌러야 했던 스크린샷 단축키가 이제는 2개의 키만 눌러도 되도록 바뀌었습니다. 바뀐 단축키로 전체 화면을 스크린샷 하거나 부분 캡처를 해보세요.

[shift] + [command ⌘] + [3] ▶ [command ⌘] + [3]
[shift] + [command ⌘] + [4] ▶ [command ⌘] + [4]
[shift] + [command ⌘] + [5] ▶ [command ⌘] + [5]

스크린샷 앱 기능 살펴보기

앞서 배운 단축키를 사용하는 방법 외에도 한 가지 방법이 더 있습니다. 바로 [shift] + [command ⌘] + [5]를 눌러 스크린샷 앱을 사용하는 것입니다. 여기서는 새로운 화면 캡처 옵션을 확인할 수 있습니다. 그럼 기능을 하나씩 알아보겠습니다.

🍎 런치패드나 스팟라이트에서 스크린샷 앱을 찾아 실행해도 됩니다.

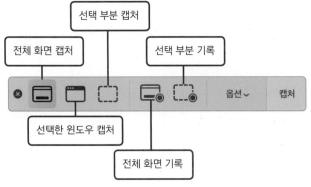

캡처 옵션 도구 패널

🍎 앞에서 단축키 설정을 바꿨다면 [command ⌘] + [5]를 눌러야 합니다.

하면 된다! 〉 스크린샷 앱 기능 알아보기

1. 전체 화면 캡처하기

[shift] + [command ⌘] + [5]를 누른 후 [전체 화면 캡처 🖵] 버튼을 클릭하면 포인터가 카메라 모양으로 바뀝니다. 화면에 포인터를 올려놓고 클릭하면 전체 화면이 캡처됩니다.

🍎 [shift] + [command ⌘] + [3]을 눌러도 전체 화면을 캡처할 수 있습니다.

2. 윈도우 캡처하기

[선택한 윈도우 캡처 🖼] 버튼을 클릭한 다음 원하는 윈도우 위에 포인터를 올려놓고 클릭하면 선택한 윈도우 화면이 캡처됩니다.

3. 화면의 일부 캡처하기

[선택 부분 캡처 🖵] 버튼을 클릭하면 선택 부분을 점선으로 지정할 수 있습니다. 점선으로 된 영역을 포인터로 느래그하여 지정한 후, [캡처]를 클릭하면 선택 부분이 캡처됩니다.

🍎 [shift] + [command ⌘] + [4]를 눌러도 부분 화면을 캡처할 수 있습니다.

이때 선택 영역 위에 포인터를 올려놓으면 포인터가 손바닥 모양으로 바뀝니다. 선택 영역을 클릭하고 드래그하면 이동할 수 있습니다.

4. 전체 화면 기록과 화면의 일부 기록

▣, ▣ 아이콘은 순서대로 전체 화면을 동영상으로 기록하는 버튼과 선택 부분 화면을 동영상으로 기록하는 버튼입니다. 전체 화면 기록은 ▣을 클릭한 후 마우스 커서가 카메라 모양으로 바뀌었을 때 화면을 클릭하거나 [기록]을 클릭하면 되고, 선택 부분 기록은 ▣을 클릭한 후 영역을 지정하고 [기록]을 클릭하면 됩니다.

전체 화면 기록

선택 부분 기록

5. 기록을 끝내고 싶으면 도구 막대에서 [종료 ◉] 버튼을 클릭합니다.

기록 종료

01장은 맥북과 친해지는 과정이었어요. 어떤가요? 맥도 윈도우처럼 쉽지요? 처음에는 새로운 운영체제라 적응하는 데 노력이 좀 들지만, 한번 익혀 두고 나면 금세 편해짐을 느낄 수 있어요! 여기까지 잘 따라 했다면, 아주 잘한 거예요!

윈도우와 맥의 다른점을 익히고, 맥의 가장 기본적이고 기초적인 기능을 익혔으니 다음 질문에 대답이 바로바로 떠오르는지 확인하고 다음 장으로 넘어갈게요.

나도 맥 정복 가능!

다음 질문에 바로 대답하지 못했다면 01장을 다시 한번 복습한 후에 02장으로 넘어가세요.

1. 맥을 재시동할 수 있나요? ☑
   ▶ 15쪽을 참고하세요.

2. 마우스 설정을 나에게 맞게 할 수 있나요? ☐
   ▶ 20쪽을 참고하세요.

3. 앱을 열고 전체 화면으로 전환하거나 닫을 수 있나요? ☐
   ▶ 36쪽을 참고하세요.

4. 키보드에서 한글, 영어, 한자를 입력할 수 있나요? ☐
   ▶ 40쪽을 참고하세요.

5. 다운로드한 파일을 찾을 수 있나요? ☐
   ▶ 44쪽을 참고하세요.

6. 맥의 단축키를 5개 이상 알고 있나요? ☐
   ▶ 56쪽을 참고하세요.

7. 맥에서 화면 캡처를 할 수 있나요? ☐
   ▶ 62쪽을 참고하세요.

두 번째 이야기

본격적인 맥 활용을 위한
나만의 맥 셋업

앞 장의 내용을 모두 익혔다면 이제 맥이 답답해서 못 쓰겠다는 생각이 들지 않을 겁니다. 이 장에서는 본격적으로 나만의 인터페이스를 구성하고 내게 필요한 앱과 프로그램도 설치해 보겠습니다. 스마트폰의 홈 화면 같은 독과 파인더보다 더 편한 기능인 스택까지 이번 장에서 잘 배워 두면 맥과 함께하는 일상이 더욱 편해질 것입니다. 이제 정말 내가 맥 사용자가 되는 느낌까지 들 거예요. 준비되었으면 시작해 보세요!

02-1
나만의 인터페이스 구성하기

배경화면을 나만의 스타일로 꾸미기

맥에서 기본으로 제공하는 배경화면도 다양하지만, 자신이 원하는 사진
으로 배경화면이나 화면 보호기를 꾸밀 수 있어요. 스마트폰을 새로 구입
하면 배경화면도 바꾸고 테마도, 폰트도 변경하듯이 맥북도 나만의 스타
일로 꾸며 보세요. 화면을 켤 때마다 예쁜 모습을 보면 저절로 기분도 좋
아지고 일의 능률도 올라간답니다.

하면 된다! } 배경화면 바꾸기

맥은 다양한 배경화면을 제공하는데 이 중에서 하나를 선택하거나 아니
면 몇 분에 한 번씩 배경화면이 바뀌게 설정할 수도 있습니다.

1. 독에서 [시스템 설정 ]을 클릭하고 왼쪽 사이드 메뉴에서 [배경화
면]을 클릭합니다.

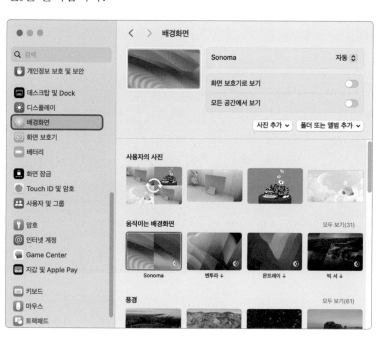

2. [사진 추가] 버튼을 클릭하고 원하는 이미지를 선택하면 배경화면으로
바로 바꿀 수 있습니다.

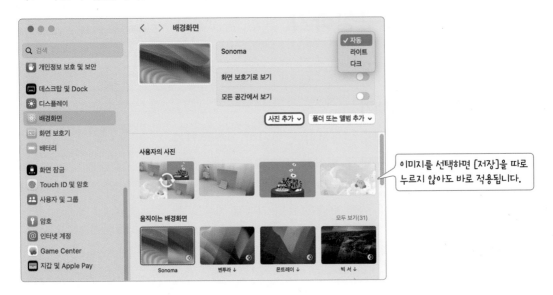

이미지를 선택하면 [저장]을 따로
누르지 않아도 바로 적용됩니다.

3. 소노마 버전에서는 웅장함이 느껴지는 항공 사진이나 수중 사진을 데
스크탑 이미지 및 화면 보호기로 선택할 수 있습니다. [풍경], [도시 풍
경], [수중], [지구] 등에서 아름다운 자연의 경치를 배경화면으로 넣어 보
세요.

'움직이는 배경화면'은 사용자가 머물고 있는 위치의 시간에 따라 화면을 밝거나 어둡게 바꾸는 기능입니다. [시스템 설정 → 배경화면]으로 들어가면 다양한 움직이는 배경화면을 볼 수 있어요. 배경화면 중 한 가지를 선택하고 [자동]을 선택하면 됩니다. 움직이는 배경화면은 'Sonoma', '벤투라', '몬트레이', '빅 서' 등 다양한 선택지 중 하나를 골라 사용할 수 있습니다.

4. 배경화면을 원하는 사진으로 설정하기

배경화면으로 설정하고 싶은 사진을 마우스 오른쪽 버튼으로 클릭하고 [데스크탑 사진 설정]을 선택하면 간단하게 배경화면을 바꿀 수 있습니다.

[데스크탑 사진 설정]을 선택해 배경화면을 설정합니다.

자신이 원하는 사진을 배경화면으로 쓸 수 있어요.

화면 보호기를 설정하기 위해 [시스템 설정]에서 [화면 보호기]를 클릭합니다. 이곳에서 원하는 유형의 화면 보호기를 선택할 수 있습니다. 해당 항목을 선택하는 동시에 적용됩니다.

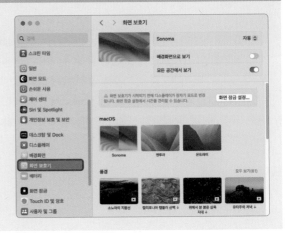

하면 된다! ｝ 아이콘 모양을 원하는 사진으로 바꾸기

파인더의 폴더 모양은 모두 똑같은데, 조금만 손보면 개성 있는 나만의 폴더 모양으로 바꿀 수 있습니다.

폴더 아이콘 바꾸기

1. 아이콘으로 사용하고 싶은 사진을 연 후 포인터로 드래그하여 영역을 지정하고 command ⌘ + C 를 눌러 복사합니다.

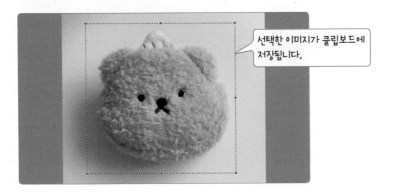

선택한 이미지가 클립보드에 저장됩니다.

2. 모양을 바꾸고 싶은 폴더를 선택하고 마우스 오른쪽 버튼을 누른 뒤 [정보 가져오기]를 클릭합니다.

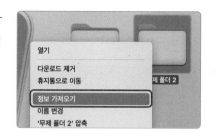

3. 정보 윈도우가 나타나면 화면 왼쪽 상단에서 폴더 아이콘을 선택한 후 (command ⌘)+(V)를 눌러 복사한 이미지를 붙여 넣습니다. 간단하게 폴더 이미지가 바로 변경됩니다.

🍎 폴더의 위치가 고정되어 있고, 바뀌지 않을 때에는 앱 메뉴의 [보기 → 스택 사용]을 해제해 주세요. 혹은 데스크탑의 비어 있는 곳에서 마우스 오른쪽 버튼을 누른 후 [스택 사용]을 해제하면 됩니다.

[알아 두면 좋아요!] 이미지의 배경을 쉽게 없애는 방법

폴더의 모양을 원하는 사진으로 바꿨는데 혹시 배경 때문에 깔끔해 보이지 않는다면 어떻게 해야 할까요? 이럴 땐 방법이 있습니다. 사진의 배경을 투명하게 바꾸면 됩니다.

사진을 선택한 후 마우스 오른쪽 버튼을 누른 후 [빠른 동작 → 배경 제거]를 실행합니다. 맥에서는 다른 프로그램을 거치지 않아도 바로 사진의 배경을 투명하게 바꿀 수 있습니다.

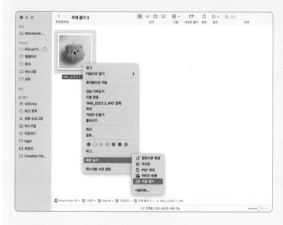

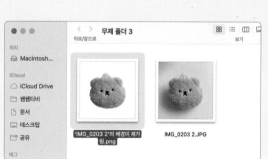

앞에서 배운 대로 사진의 영역을 지정한 뒤 (command ⌘)+(C)를 눌러 복사하고, 원하는 폴더의 아이콘으로 바꿔 주면 됩니다.

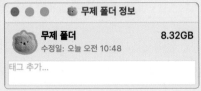

사진의 배경을 투명하게 바꿔서 폴더 모양이 훨씬 깔끔해졌습니다.

폴더 아이콘 크기 조절하기

맥의 폴더는 모양이 고정되어 있지 않습니다. 사용자가 원하는 대로 설정을 변경할 수 있습니다. 사용하기 편리하도록 폴더의 모양과 크기, 텍스트 크기 등을 변경해 보세요.

데스크탑의 빈 공간에서 마우스 오른쪽 버튼을 클릭한 뒤 [보기 옵션]을 클릭하면 폴더 아이콘의 크기와 사이 간격, 텍스트의 크기 등을 조절할 수 있습니다.

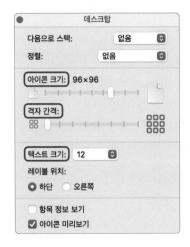

🍎 데스크탑의 빈 공간을 선택한 후 command ⌘ + [+]/[−]를 눌러도 아이콘 크기를 조절할 수 있어요.

강조 색상 바꾸기

이미지나 파일을 선택했을 때나 텍스트를 마우스로 드래그하여 선택하였을 때처럼 무언가 선택했을 때 강조되는 색상을 사용자의 취향에 맞게 설정해 둘 수 있습니다. 기본 모드는 파란색으로 되어 있는데 다른 색상으로 바꿔 보겠습니다.

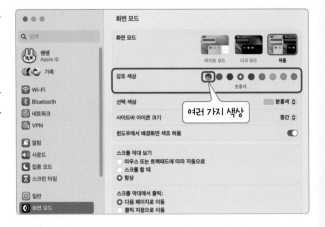

애플 메뉴 애플를 클릭하고 [시스템 설정 → 화면 모드]를 클릭하면 오른쪽에서 강조 색상을 바꿀 수 있습니다. 색깔을 누르면 바로 적용되어 보이니 다양한 색상을 눌러 보고 원하는 색으로 변경하면 됩니다.

애플 여러 가지 색상으로 선택하면 앱별로 강조 색상이 달라집니다(메모 → 노란색, 페이지스 → 주황색, 넘버스 → 초록색).

 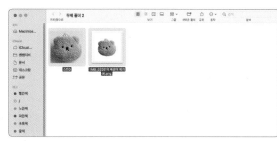

강조 색상을 분홍색으로 변경하면 선택 메뉴, 입력 창, 파일명이 분홍색으로 바뀐 것을 볼 수 있습니다.

마우스 포인터 색상 바꾸기

마우스 포인터도 나만의 색깔로 바꿀 수 있습니다. 애플 메뉴 애플를 클릭하고 [시스템 설정 → 손쉬운 사용 → 디스플레이]를 선택하면 맨 아래쪽에 포인터에 관한 설정이 나옵니다. 포인터의 외곽과 채우기 색상, 색상 필터를 통해 원하는 색깔로 바꾸면 됩니다.

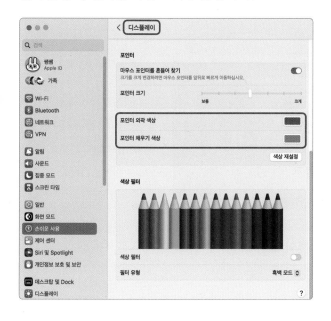

데스크탑에 위젯 추가하기

소노마 버전에서는 알림 센터의 위젯을 데스크탑에 추가할 수 있습니다. 자주 보는 캘린더와 시계, 날씨 등의 위젯을 데스크탑에 추가해 놓고 사용해 보세요.

1. 데스크탑에서 마우스 오른쪽 버튼을 누르고 [위젯 편집]을 클릭합니다.

 마우스 오른쪽 버튼을 설정하는 방법은 20쪽에서 다루었습니다!

2. 원하는 위젯에 포인터를 올려 두면 ⊕ 버튼이 나타납니다. 위젯을 클릭하면 데스크탑에 위젯이 배치됩니다.

 위젯을 드래그하여 데스크탑으로 이동해도 됩니다.

 위젯의 위치는 마우스로 클릭&드래그하여 마음대로 이동할 수 있습니다.

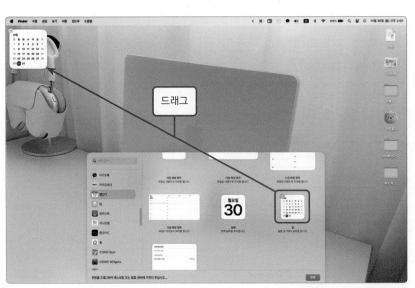

3. 위젯 위에서 마우스 오른쪽 버튼을 누르면 위젯의 크기 조절, 제거, 편집을 할 수 있습니다.

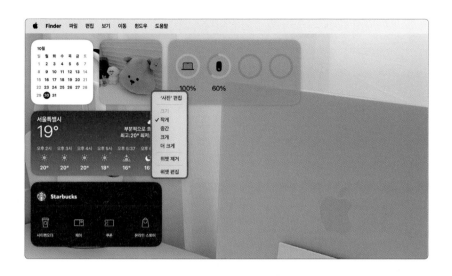

데스크탑 정리하는 스택

파일과 폴더가 너무 많아 지저분해진 데스크탑을 깔끔하게 정리해 주는 파일 정리 기능이 맥에 있습니다. 바로 스택이라는 기능인데요. 사용자가 지정한 규칙에 맞게 파일을 한데 모아 스택 그룹으로 만들어 데스크탑을 정리해 주는 편리한 기능입니다. 이번에는 스택을 적용하는 방법과 사용하는 방법을 알아보겠습니다.

1. 데스크탑에서 마우스 오른쪽 버튼을 누르고 [스택 사용]을 클릭합니다.

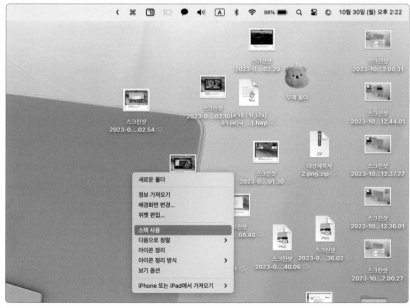

정리 안 된 지저분한 데스크탑

2. 같은 종류의 파일이 한군데로 쌓이면서 스택 그룹이 만들어집니다.

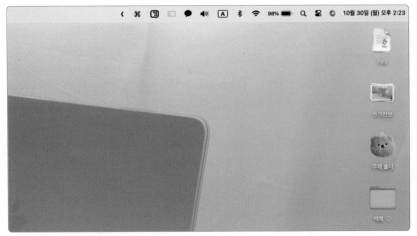

스택 기능으로 깔끔히 정리된 데스크탑

3. [다음으로 스택 그룹화]를 클릭하면 종류, 최근 사용일, 수정일 등 원하는 방식으로 스택을 할 수 있습니다. 원하는 방법으로 편리하게 데스크탑을 정리해 보세요.

02-2
알림 센터

아이폰이나 아이패드에서 자주 사용하는 기능 중 하나는 알림 센터가 있습니다. 맥에서도 알림 센터는 메시지, 각종 앱 알림, 부재중 전화 등을 확인할 수 있는 공간입니다. 맥의 알림 센터에서 놓친 알림을 확인하고 위젯을 사용하여 약속, 생일, 날씨, 인기 헤드라인 등을 확인해 보세요.

알림 센터 열고 닫기

메뉴 막대에서 [날짜 및 시간]을 클릭하면 알림 센터가 열리고, 다시 클릭하면 알림 센터가 닫힙니다. 또한 트랙패드에서는 트랙패드 오른쪽 가장자리에서 두 손가락을 사용하여 왼쪽으로 쓸어 넘기면 알림 센터가 열리고, 반대로 오른쪽 방향으로 쓸어 넘기면 알림 센터가 닫힙니다.

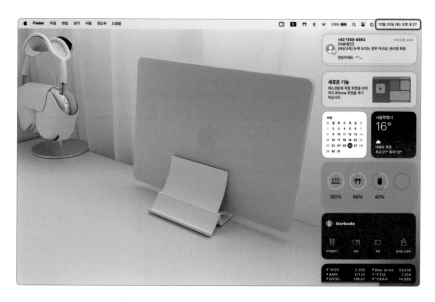

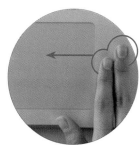

알림 센터 열고 닫기 트랙패드 제스처

위젯 사용하기

알림 센터를 열면 위젯들이 보입니다. 위젯의 아무 곳이나 클릭하면 해당 앱 또는 웹 페이지가 열립니다. 예를 들어 '미리 알림' 위젯을 클릭하면 '미리 알림' 앱이 열리고, '날씨' 위젯을 클릭하면 '날씨' 앱이 열려 전체 예보를 볼 수 있습니다.

 위젯에서 마우스 오른쪽 버튼을 누르면 해당 앱의 편집, 위젯의 크기 조절, 위젯 제거, 위젯 편집을 할 수 있습니다.

알림 센터를 열고 맨 아래에 ❶ [위젯 편집]을 클릭하면 알림 센터에 등록할 위젯을 선택할 수 있습니다. ❷ [배터리]를 클릭하고 ❸ 원하는 형태의 위젯을 클릭하면 알림 센터에 배터리 위젯이 추가됩니다.

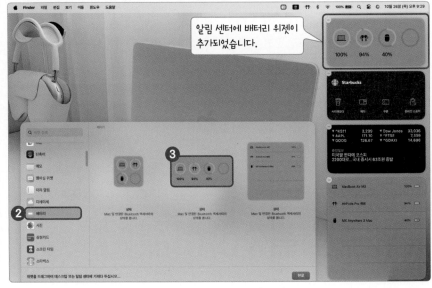

알림 설정 변경하기

맥의 알림 설정을 변경하여 알림으로 방해받지 않을 시간을 지정하고 알림 센터에서 알림을 표시하는 방법을 제어할 수 있습니다. 이 설정을 변경하려면 [애플 메뉴 → 시스템 설정 → 알림]을 클릭합니다.

❶ [미리보기 표시]는 앱 또는 웹 사이트의 알림에서 미리보기가 표시되는 것을 말합니다. 예를 들어 이메일이나 카카오톡 메시지를 받으면 메일/카카오톡 알림에 미리보기가 표시됩니다. 설정 중 [잠겨 있지 않을 때]를 선택하면 사용자 계정에 로그인한 경우에만 미리보기를 표시합니다.

❷ 디스플레이가 잠자기 상태일 때, 화면이 잠겨 있을 때, 디스플레이를 미러링하거나 공유할 때 등의 설정을 편의에 맞게 설정하면 됩니다. 응용 프로그램의 알림 설정은 [응용 프로그램 알림] 아래 나와 있는 각각의 앱을 눌러 설정할 수 있습니다.

 [애플 메뉴 → 시스템 설정 → 집중 모드]에서 '방해 금지 모드'를 설정하면 특정 알림만 울리도록 허용하여 집중하는 데 방해되는 요인을 최소화할 수 있어요.

02-3
화면 모드 설정하기

맥의 화면 모드에는 다크 모드와 라이트 모드, 그리고 하루 동안 자동으로 전환되는 자동 모드가 있습니다. 응용 프로그램을 실행했을 때나 폴더를 열었을 때 작업 창 화면의 색상 체계가 달라지는 것인데요. 사용자의 편의에 맞게 설정해 두면 됩니다. 맥의 기본 모드는 라이트 모드이므로 여기서는 다크 모드와 자동 모드를 어떻게 설정하는지 알아보겠습니다.

다크 모드

스마트폰처럼 맥에도 다크 모드 설정이 있습니다. 야간 작업 시에 밝은 화면은 너무 부담스러운데 이럴 때 다크 모드를 활용하면 색상 체계를 어둡게 변경하여 눈의 피로를 덜어 줄 수 있고, 작업에 집중력도 생겨서 아주 좋은 기능이에요. 그러면 다크 모드로 변경하는 방법을 알아볼까요?

 애플에서 제공하는 공식 앱(맥OS를 설치하면 기본으로 설치되어 있는 앱들)은 모두 다크 모드를 지원하지만, 외부에서 설치한 앱의 경우 다크 모드를 지원하지 않을 수도 있습니다.

하면 된다! } 다크 모드로 설정하기

1. 애플 메뉴 를 클릭한 후 [시스템 설정 → 화면 모드]를 클릭하면 다음과 같은 화면이 나타납니다.

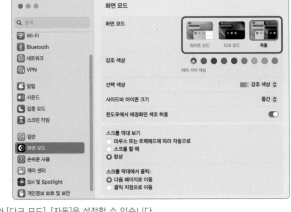

[화면 모드]에서 [라이트 모드]와 [다크 모드], [자동]을 설정할 수 있습니다.

 오른쪽 사이드바의 [제어 센터]에서도 다크 모드를 빠르게 켜고 끌 수 있습니다. [제어 센터 → 디스플레이 → 다크 모드]를 클릭하면 됩니다.

2. [다크 모드]를 선택하면 화면이 어두운 테마로 변경됩니다. 이 상태에서 [라이트 모드]를 선택하면 화면이 다시 밝은 테마로 변경됩니다. [자동]을 누르면 설정해 둔 옵션을 기준으로 라이트 모드와 다크 모드가 자동으로 전환됩니다.

다크 모드(정돈되고 집중되는 느낌)

라이트 모드(밝고 깨끗한 느낌)

 다크 모드는 문서 작성, 사진, 동영상 편집, 웹 페이지를 볼 때 효과적입니다.

자동 모드

자동 모드는 사용자가 지정한 나이트 시프트(Night Shift)의 시간에 따라 라이트 모드와 다크 모드를 자동으로 전환해 줍니다.

시간 설정은 [시스템 설정 → 디스플레이] 메뉴에서 맨 아래 [Night Shift] 버튼을 클릭하면 됩니다. 원하는 시간을 직접 입력할 수도 있고, 아니면 [일몰부터 일출까지]로 설정할 수도 있습니다. 일몰과 일출 시간은 사용자의 위치에 따라 달라지므로 이를 반영하여 적용됩니다.

일몰 시간 이후에 생체 리듬에 영향을 미치고 숙면에 방해되는 블루라이트를 차단해 주는 기능이 맥에 있습니다. 바로 나이트 시프트인데요, 해가 진 후에는 모니터 디스플레이의 색상을 따뜻한 색으로 자동 변경하고(블루라이트 차단) 아침이 되면 다시 원래 설정한 색상대로 되돌려 놓는 기능입니다. 색 온도를 더 따뜻하게 할수록 노란 색조가 강해지고 파란 색조는 약해집니다. 눈 건강에 도움이 되는 기능이니 꼭 써보세요.

기본

블루라이트 차단

02-4
나만의 홈 화면, 독

독 설정 바꾸고 꾸미기
난이도 ★★☆

독(Dock)은 맥의 응용 프로그램 아이콘들이 모여 있는 곳을 말합니다. 기본 설정으로는 데스크탑의 맨 아래에 위치하고 있어요. '바로가기'처럼 이곳에 자주 사용하는 프로그램을 모아 놓을 수 있고, 현재 사용 중인 프로그램도 한눈에 볼 수 있습니다. 윈도우 PC에서 [시작 ⊞] 버튼의 기능과 같은 역할을 한다고 보면 됩니다. 매일 사용하는 프로그램 및 기능에 빠르고 쉽게 접근할 수 있습니다.

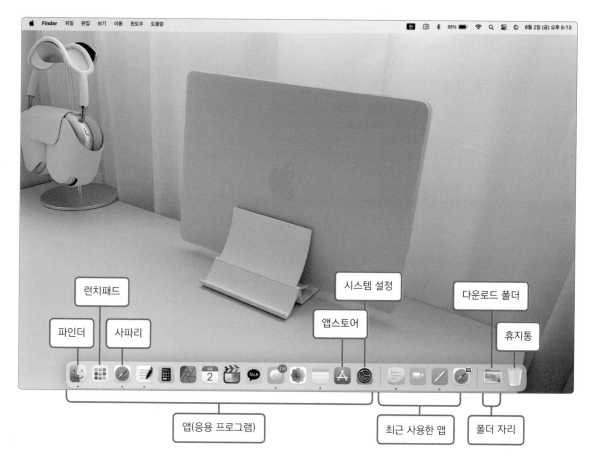

하면 된다! } 독 마음대로 꾸미기

맥을 처음 설치하면 기본 프로그램이 독에 등록된 상태로 나타납니다. 맨 왼쪽의 파인더를 비롯해 맨 오른쪽의 휴지통까지 모두 모여 있습니다. 독은 개인 취향에 따라 프로그램의 개수를 조절할 수 있고 독의 위치를 자유롭게 바꿀 수 있으며 아이콘의 크기를 조절할 수도 있습니다.

1. 독의 아이콘 위치 바꾸기

독에서 아이콘의 위치(순서)를 바꾸고 싶을 때는 스마트폰에서 앱의 위치를 바꾸듯 아이콘을 드래그해서 원하는 위치로 옮기면 됩니다.

 [파인더 → 응용 프로그램]에서 앱 아이콘을 클릭한 후 독으로 드래그하면 독에 아이콘이 추가됩니다.

2. 독에 있는 아이콘 지우기

독에 등록된 프로그램 중 자주 사용하지 않는 프로그램이 있다면 아이콘을 제거하면 됩니다. 독에서 아이콘을 제거하더라도 프로그램이 삭제되는 것이 아니라 단지 독에서 보이지 않을 뿐입니다. 스마트폰의 홈 화면에서 자주 사용하지 않는 앱을 제거하는 것과 같아요. 제거하고 싶은 아이콘에서 마우스 오른쪽 버튼을 누른 후 [옵션 → Dock에서 제거]를 클릭합니다. 반대로 특정 프로그램을 독에 고정하고 싶다면 [옵션 → Dock에 유지]를 클릭하면 됩니다.

 '제거'가 표시될 때까지 아이콘을 독 밖으로 드래그하여 삭제할 수도 있습니다.

앱 아이콘에서 마우스 오른쪽 버튼을 누르면 기능을 추가로 설정할 수 있습니다.

3. 독의 크기 조절하기

독에서 응용 프로그램과 휴지통 사이에 있는 구분선에 마우스 포인터를 올려놓으면 상하 방향 화살표가 나타납니다. 이 상태에서 상하 방향 화살표를 클릭한 후 아래쪽으로 드래그하면 독 전체가 작아지고, 위쪽으로 드래그하면 커집니다. 독을 원하는 크기로 조절한 후에 클릭을 해제하면 크기가 고정됩니다.

독 구분선에 포인터를 올려놓은 모습

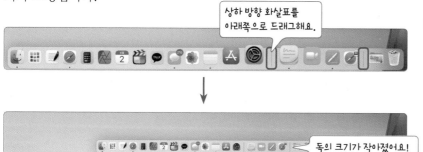

상하 방향 화살표를 아래쪽으로 드래그해요.

독의 크기가 작아졌어요!

4. 독의 위치 바꾸기

독은 기본적으로 화면 아래쪽에 위치하지만 왼쪽이나 오른쪽으로 바꿀 수도 있습니다. 구분선 영역에서 마우스 오른쪽 버튼을 누른 후 [화면에서의 위치]에 포인터를 올려놓으면 독의 위치를 왼쪽, 하단, 오른쪽 중에서 선택할 수 있습니다. [왼쪽]을 선택하면 독이 화면의 왼쪽 끝으로 이동합니다.

독의 위치를 왼쪽이나 오른쪽으로 변경할 수 있습니다.

하면 된다! } 독 세부 사항 설정하기

독의 구분선에 마우스 포인터를 위치하고 상하 방향 화살표가 나타났을 때 마우스 오른쪽 버튼을 누르면 다음과 같은 메뉴가 나타납니다. 하나씩 클릭해 보면서 설정 내용을 확인해 보세요.

1. ❶ [가리기 켬]을 선택하면 독이 평소에는 숨어 있다가 포인터를 올려 놓으면 독이 나타납니다.

2. ❷ [확대 켬]을 선택하면 독에 포인터를 올려놓으면 해당 아이콘이 확대됩니다.

3. ❸ [최소화 효과]를 선택하면 창을 열고 닫을 때 시각적인 효과를 얻을 수 있습니다.

나만의 독을 조금 더 세부적으로 설정하고 싶을 때는 [Dock 설정]을 클릭하고 여러 가지
효과를 적용해 보세요. [저장]을 따로 누르지 않아도 바로 적용되어 직접 눈으로 보면서
설정을 변경할 수 있습니다.

[데스크탑 및 Dock]에서는 독에 관한 여러 설정을 바꿀 수 있습니다.

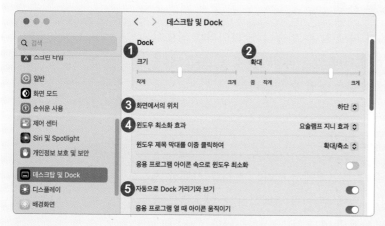

❶ [크기]: 독의 크기를 크거나 작게 만들 수 있습니다.

❷ [확대]: 독에 포인터를 올려놓았을 때 아이콘이 확대되는 정도를 조절할 수 있습니다.

❸ [화면에서의 위치]: 독의 위치를 하단에서 왼쪽이나 오른쪽으로 바꿀 수 있습니다.

❹ [윈도우 최소화 효과]: '요술램프 지니 효과'를 선택하면 빨려 들어가는 것 같은 효과를 얻을 수 있습니다.

❺ [자동으로 Dock 가리기와 보기]: 클릭하면 평소에는 독이 숨어 있다가 마우스 포인터를 화면 아래쪽으로 가져
가면 나타납니다.

지금까지 독의 기본적인 기능과 설정 방법을 살펴보았습니다. 간단하면
서도 꼭 필요한 기능만 담고 있는 독은 윈도우 PC의 [시작 ▤] 버튼의 기
능과 비슷하지만 취향에 맞춰 설정을 바꾸면 더 편리하게 사용할 수 있습
니다.

02-5

폴더를 독으로, 스택

파인더보다 빠르게 파일을 찾는 스택

스택(Stack)은 독에 추가하는 '폴더'라고 할 수 있습니다. 파인더를 일일이 클릭하지 않고도 독에서 바로 폴더 안에 있는 파일이나 응용 프로그램을 실행할 수 있기 때문에 작업의 효율성을 높일 수 있습니다.

하면 된다! } 독에서 스택 활용하기

1. 우선 독에 스택을 추가하기 위해 파인더에서 원하는 폴더를 선택한 후 마우스 오른쪽 버튼을 클릭해 [Dock에 추가]를 선택합니다. 다운로드 폴더를 비롯해 응용 프로그램 폴더까지 독에 추가할 수 있습니다.

[파인더 → 응용 프로그램]

2. 독의 응용 프로그램 폴더 위에서 마우스 오른쪽 버튼을 눌러서 보기 모드를 선택합니다. 스택은 [부채 모양]으로 펼쳐 보기, [격자 모양]으로 내용 미리보기, [목록]으로 간결하게 보기 등 보기 설정을 바꿀 수 있습니다. [자동]을 선택하면 자연스럽게 최적의 보기 모드로 보여 줍니다.

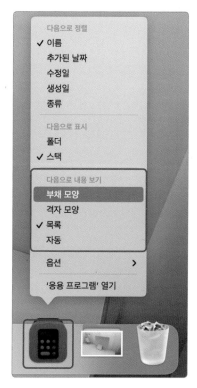

[부채 모양]을 선택한 경우

[목록]을 선택한 경우

3. 폴더를 독에 추가하면 해당 폴더의 특징이 잘 드러나도록 독에 고정됩니다. 스택을 활용해 보세요.

 독에서 폴더는 구분선 오른쪽에 위치합니다.

자동으로 항목 열기(자동 시작 프로그램)

독에 있는 응용 프로그램은 평소에 자주 사용하는 것들입니다. 맥을 켤 때
마다 매번 따로 실행하지 않아도 자신이 원하는 응용 프로그램이 자동으로
실행되도록 '시작 프로그램'으로 등록하는 방법을 알아보겠습니다.

하면 된다! } 자동 항목 추가 및 제거하기

1. 응용 프로그램의 아이콘을 마우스 오른쪽 버튼으로 누른 후, [옵션 →
로그인 시 열기]를 선택합니다. 이제 해당 응용 프로그램은 맥을 켤 때마
다 자동으로 실행됩니다.

2. 자동 항목 제거하기

사용 빈도가 낮은 시작 프로그램을 해제하는 방법은 다음과 같습니다.
[시스템 설정 ⚙️ → 일반 → 로그인 항목]을 선택하세요. 이곳에서 원하지
않는 로그인 항목이 있다면 아래의 [−]를 눌러 제거하면 됩니다.

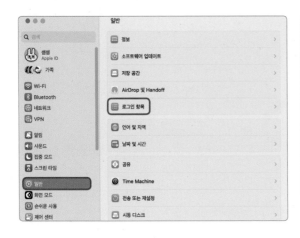
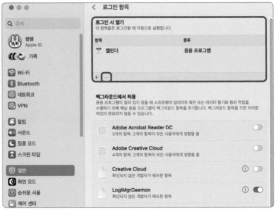

응용 프로그램이 너무 많다면 응용 프로그램 폴더에서 원하는 프로그램을 쉽게 찾지 못할 수 있습니다. 이럴 때 도움이 되는 간단한 팁을 소개합니다. 예를 들어 사파리를 응용 프로그램 폴더에서 찾아보겠습니다.

독의 사파리 위에 포인터를 올려놓고 command ⌘ 키를 누른 상태에서 클릭하면 파인더의 응용 프로그램 폴더에서 사파리를 바로 찾아 줍니다. 이렇게 하면 원하는 응용 프로그램의 위치를 바로 찾아갈 수 있습니다.

command ⌘를 누른 상태에서
[Safari] 아이콘을 클릭하세요

파인더의 응용 프로그램 폴더

02-6

세상에서 가장 빠른 브라우저, 사파리

맥북을 처음 켜고 윈도우와 다른 점도 이해했고 나만의 인터페이스도 꾸 몄다면 이제는 본격적으로 맥을 사용할 준비가 되었습니다. 이제 인터넷을 연결하고 사파리(Safari)의 기능들에 대해서 알아보겠습니다. 우선 인터넷 연결을 확인해 주세요.

사파리

독에서 [시스템 설정 ⚙ → Wi-Fi]를 클릭하고, 와이파이를 활성화합니다. 암호가 필요하다면 입력합니다.

 파란색으로 표시되면 켜진 것입니다.

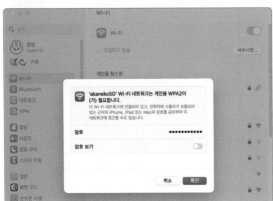

데스크탑 오른쪽 상단 시스템 아이콘이 모여 있는 곳에서 [Wi-Fi 🛜]를 눌러 보세요. 이곳에서도 인터넷 연결 상태를 확인하고 변경할 수 있습니다.

사파리

사파리는 우리가 아는 엣지, 크롬처럼 인터넷 세상을 항해할 수 있는 맥의 웹 브라우저입니다. 애플 기기를 사용하고 있다면 인터넷 브라우저로 사파리를 사용하는 것이 좋습니다. 다양한 사용자화 옵션과 강력한 개인 정보 보호 기능은 물론 업계 최고의 배터리 효율성을 갖추고 있기 때문이에요. 애플이 세상에서 가장 빠른 브라우저라고 자부하는 사파리를 사용해 보세요.

[알아 두면 좋아요!] 사파리를 기본 웹 브라우저로 설정하기

맥의 기본 브라우저는 사파리지만 혹시 다른 브라우저로 변경했다가 다시 기본 브라우저를 사파리로 바꾸려면 [애플 메뉴 🍎 → 시스템 설정 → 데스크탑 및 Dock] 메뉴의 오른쪽 창에서 [기본 웹 브라우저]를 [Safari]로 선택하면 됩니다.

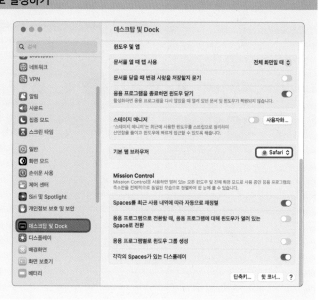

사파리 기본 메뉴

독에서 [Safari ]를 클릭하여 실행합니다. 이때 가장 처음에 나타나는 화면이 '시작 페이지'입니다. 시작 페이지에는 즐겨찾기로 지정한 웹 사이트와 자주 방문한 웹 사이트, 개인 정보 보호 리포트 등을 보여 주고, 바로가기 역할을 하기도 합니다. 또한 사용자가 목록을 직접 설정할 수도 있습니다.

독에서 [Safari]를 클릭합니다.

[알아 두면 좋아요!] 나만의 시작 페이지 만들기

시작 페이지에 중요하거나 자주 가는 웹 페이지를 모아 두면 사파리를 열자마자 한눈에 볼 수 있고 모든 콘텐츠에 접근하기가 편리해져요.

1. 사파리 시작 페이지의 오른쪽 하단에서 [옵션 ▤] 버튼을 클릭합니다.
2. 시작 페이지에 담고 싶은 옵션을 선택해 주세요.
   • [모든 기기에서 시작 페이지 사용하기]를 선택하면 아이폰, 아이패드, 맥에서 사파리의 시작 화면을 동일하게 사용할 수 있습니다.
   • [배경 이미지]를 원하는 이미지로 선택하거나, 새로 추가하여 변경할 수 있습니다.

보고 싶은 내용을 체크하세요!

사파리를 실행했을 때 처음 나타나는 화면이 '시작 페이지'입니다.

즐겨찾기, 개인정보 보호 리포트를 선택한 화면

사파리 윈도우의 상단 메뉴

도구 막대 왼쪽에는 [사이드바 ▣], [이전 페이지 ‹], [다음 페이지 ›] 버튼이 있습니다.

① **[사이드바]**: 즐겨찾기, 읽기 목록 등이 모여 있는 사이드바를 열거나 닫습니다.
② **[이전 페이지]**: 이전의 인터넷 화면으로 돌아갑니다.
③ **[다음 페이지]**: 뒤로 갔을 때 다시 앞 화면으로 돌아갑니다.

오른쪽에는 [공유 ⬆], [새로운 탭 ＋], [탭 개요 보기 ▣] 버튼이 있습니다.

④ **[공유]**: 현재 열려 있는 웹 페이지를 공유합니다.
⑤ **[새로운 탭]**: 현재 열려 있는 사파리 윈도우 탭의 맨 끝에 새로운 시작 페이지를 엽니다.
⑥ **[탭 개요 보기]**: 여러 개의 탭을 한눈에 보고 찾아갈 수 있도록 모아 보여 줍니다.

[사이드바 ▣]를 클릭하면 하단에 [책갈피], [읽기 목록], [나와 공유된 항목]이 나타납니다.

❼ [탭 그룹]: 보고 있는 탭들을 한 번에 저장하고, 나중에 방문할 수 있도록 관리하는 기능입니다.

❽ [책갈피]: 즐겨찾기 목록을 모아 놓은 바로가기입니다. 앞으로 유용하게 사용할 '웹 사이트'를 저장하는 역할을 합니다.

❾ [읽기 목록]: 나중에 다시 읽고 싶은 기사를 모아 놓는 기능입니다. 임시로 현재 보고 있는 웹 페이지를 저장합니다.

❿ [나와 공유된 항목]: 메시지 앱에서 사용자와 공유된 링크를 자동으로 표시하는 기능 입니다.

하면 된다! 〉 검색 기능과 책갈피

사파리에는 기본 검색 기능이 있어서 구글이나 네이버와 같은 검색 엔진 으로 이동할 필요 없이, 바로 사파리 윈도우 상단의 '스마트 검색 필드'에 찾고자 하는 내용을 입력하여 검색할 수 있습니다. 검색 기능과 특정 웹 사이트를 책갈피에 추가하는 기능을 먼저 알아보겠습니다.

1. 먼저 사파리를 실행한 후 스마트 검색 필드에 '쌤쌤티비'를 입력하고 return 을 누릅니다.

2. 검색 결과 중에서 맨 첫 번째 '쌤쌤티비'를 클릭합니다.

3. 오른쪽 상단의 [공유  → 책갈피 추가]를 선택하세요. 현재 열려 있
는 웹 페이지를 사이드바의 [책갈피]에 바로 추가할 수 있습니다.

 맥 사파리의 '책갈피'는 즐겨찾기
기능입니다.

4. 기본 옵션 그대로 저장해도 되고 즐겨찾기 위치나 이름을 바꿔도 됩니
다. [추가]를 클릭하여 책갈피에 저장합니다.

5. 사이드바에서 [책갈피]를 클릭해 즐겨찾기에 추가됐는지 확인하세요.

 사파리 웹 서핑에 유용한 트랙패드 제스처

• 두 손가락으로 더블 탭하기:
  확대, 축소
• 핀치 & 줌아웃: 확대, 축소
• 두 손가락으로 아래위로 쓸어 내기:
  스크롤
• 두 손가락으로 좌우로 쓸어 내기:
  이전/다음 페이지

자세한 트랙패드 제스처는 03-2절을
확인하세요.

6. 추가한 책갈피를 삭제하려면 마우스 오른쪽 버튼을 클릭하고 [삭제]를
클릭하면 됩니다.

탭 그룹

사용자화가 용이한 사파리의 탭 그룹 설정에 대하여 알아보겠습니다. 탭을 한두 개씩 추가하다 보면 금세 많아져 정리가 필요한 순간이 오는데요. 이럴 때 탭을 그룹별로 정리해 두면 관심 있는 주제의 웹 페이지로 손쉽게 이동할 수 있습니다. 사용하기 편한 방식으로 탭을 저장하고 정리해 보세요. 만들어 놓은 탭 그룹은 공유할 수도 있어서 그룹 프로젝트를 할 때 협업을 간편하게 해줍니다.

관심 주제나 작업 용도에 따라 여러 개의 탭을 그룹으로 묶어서 저장해 놓으면 편리해요.

예 업무용(네이버 메일, 유튜브, 구글), 휴식용(인스타그램, 넷플릭스, 웨이브)

하면 된다! ⟩ 사파리 탭 그룹 만들기

사파리에 '업무'와 '휴식 시간'이라는 이름의 탭 그룹을 만들어 보겠습니다. 먼저 업무와 관련된 웹 페이지들을 모아 탭 그룹으로 만들어 보겠습니다.

1. 사파리에서 탭을 추가하여 네이버 메일, 유튜브, 구글 창을 차례로 연 후 앱 메뉴에서 [보기 → 사이드바 보기]를 클릭합니다.

[사이드바] 를 클릭해도 됩니다.

2. [파일 → 3개의 탭을 포함하는 새로운 탭 그룹]을 클릭한 다음 탭 그룹의 제목 입력 창에 '업무'라고 입력하고 return 을 누릅니다. 업무와 관련된 웹 사이트의 탭 그룹이 만들어졌습니다.

3. 이번에는 '휴식 시간'이라는 이름으로 탭 그룹을 추가해 보겠습니다. 새로운 탭 그룹을 만들기 위해서 [파일 → 새로운 빈 탭 그룹]을 클릭합니다. 제목 입력 창에 '휴식 시간'을 입력하고 return 을 누르면 탭 그룹이 생성됩니다.

4. 새로운 탭 그룹이 생성되면 사파리 창에는 시작 페이지가 열립니다. 이 곳에서 화면 상단의 ⊞ 버튼을 눌러 탭을 추가하고, 각각 인스타그램, 넷플릭스, 웨이브 페이지를 열면 탭 그룹이 완성됩니다.

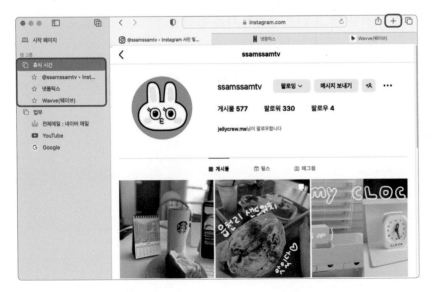

사이드바에 방금 만든 두 가지 탭 그룹이 보입니다. 각각의 탭 그룹을 클릭하면 저장된 웹 페이지를 한 번에 불러올 수 있어서 참 편리합니다. 웹 사이트를 일일이 열어야 하는 수고를 덜 수 있으니, 사파리의 탭 그룹 기능은 꼭 사용해 보세요.

[알아 두면 좋아요!] 사이드바를 가린 상태에서 탭 그룹 이동하기

사파리 윈도우를 넓게 쓰기 위해 사이드바를 가린 경우에도 탭 그룹을 손쉽게 변경할 수 있습니다. 탭 그룹을 생성하면 사이드바 버튼 옆에 [탭 그룹 선택기] 항목이 생깁니다. '휴식 시간'이라고 표시된 부분을 눌러 보면 다른 탭 그룹으로 이동할 수 있습니다.

손쉬운 외국어 번역

클릭 한 번으로 웹 페이지 전체를 순식간에 번역된 버전으로 볼 수 있는 기능이 사파리에 있습니다. 18개 언어로 번역할 수 있는데요. 글자는 물론 이미지나 동영상 멈춤 화면 속의 텍스트도 바로 번역되는 아주 편리한 기능입니다.

번역이 필요한 웹 페이지에서 스마트 검색 필드 오른쪽에서 [번역 🗤] 버튼을 클릭한 다음 [한국어로 번역]을 선택합니다. 바로 한국어로 번역된 페이지를 볼 수 있습니다.

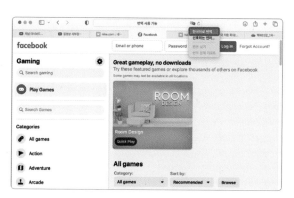

이미지에 들어 있는 글자도 번역되어 표시됩니다.

라이브 텍스트

사파리에서는 웹 페이지에 있는 어떤 이미지든 그 안의 텍스트를 선택할 수 있어요. 동영상 멈춤 화면 속의 텍스트도 바로 인식이 가능하답니다. 텍스트를 복사해서 붙여넣기, 번역하기, 찾아보기 등의 기능을 제공합니다.

1. 웹 서핑 중 사진에서 선택하고 싶은 텍스트를 드래그하여 선택합니다.

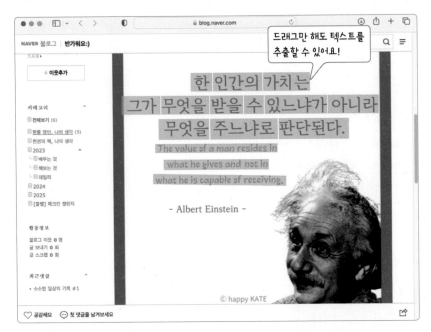

 이미지나 동영상 속 어떤 텍스트라도 선택할 수 있습니다.

2. 선택 영역을 `command ⌘` + `C` 키를 눌러 복사한 다음 다른 문서나 앱에 붙여넣기를 할 수 있습니다. 다른 옵션 기능들도 사용해 보세요.

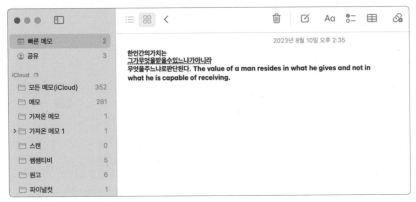

메모 앱에 붙여넣기한 화면

이미지 배경 제거하기(대상체 복사)

웹 서핑 중에 마음에 드는 이미지가 있을 때 배경은 배제한 채로 원하는 대상만 쏙 들어 올려 복사하여 메시지나 메모 앱 등에 붙여 넣을 수 있는 기능이 있습니다.

1. 복사하고 싶은 이미지에 포인터를 두고 control + 클릭한 후 [대상체 복사]를 선택합니다.

 control + 클릭은 마우스 오른쪽 버튼 클릭하기와 같은 기능입니다.

2. 메모 앱을 열고 붙여넣기(command ⌘ + V)를 합니다.

배경은 지워진 채로 대상만 복사된 것을 볼 수 있습니다.

02-7

프로그램 설치는 앱스토어에서

앱스토어

맥에서는 프로그램을 '앱'이라고 합니다. 앱은 윈도우 PC에서 설치하는 응용 프로그램, 맥과 스마트폰에서 사용하는 애플리케이션과 같은 뜻으로 사용하고 있습니다. 맥에서 프로그램을 설치하고 삭제하는 것은 스마트폰에서 앱을 설치하고 제거하는 것과 비슷하므로 금방 익힐 수 있습니다. 이번에는 앱스토어(App Store)에서 앱을 다운로드해 설치하는 방법과 앱스토어가 아닌 곳에서 앱을 다운로드해 설치하는 방법, 그리고 앱을 삭제하는 방법을 살펴보겠습니다.

하면 된다! ⎬ 앱스토어에서 앱(프로그램) 설치하기

맥에 카카오톡 앱을 설치하면서 실습해 보겠습니다.

1. 애플의 공식 승인을 받은 앱은 앱스토어에서 검색해 설치할 수 있습니다. 독에서 [앱스토어]를 클릭합니다.

 앱스토어는 애플이 운영하는 응용 프로그램 플랫폼입니다. 애플이 승인한 앱만 앱스토어에 출시되는데, 그 과정이 까다로운 걸로 알려져 있습니다. 그만큼 믿을 수 있고 안전하다고 할 수 있습니다.

2. 앱스토어 화면 왼쪽 상단의 검색 창에 '카카오톡'을 입력하고 return 을 누릅니다.

3. 카카오톡 앱 아이콘 바로 오른쪽에 있는 [받기] 버튼을 클릭한 후 [설치]를 클릭하면 설치가 진행됩니다. 새로운 앱을 설치할 때는 반드시 애플 아이디와 암호를 입력해야 합니다. 애플 아이디는 아이폰이나 아이패드와 동일합니다.

 만약 애플 아이디가 없다면 [Apple ID 또는 암호를 잊으셨습니까?]를 클릭해 계정을 만들어야 합니다(https://appleid.apple.com/account).

 맥에서는 프로그램을 설치할 때마다 암호를 요구합니다. 사용자 보안에 철저히 신경을 쓰고 있는 것이죠. 맥에서는 나도 모르는 무언가가 몰래 설치되는 일은 거의 없습니다.

4. 런치패드를 실행하면 새롭게 설치된 프로그램의 아이콘이 표시되면서 앱을 사용할 수 있습니다

 런치패드란 아이패드와 비슷하게 앱만 모아 놓은 창을 말합니다. 이곳에서 간단히 앱을 종류별로 정리하고, 한 번에 실행할 수 있습니다. 트랙패드에서 네 손가락으로 오므리면 런치패드가 나타납니다.

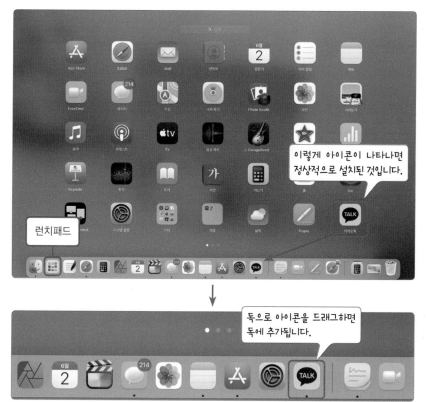

5. 맥에 카카오톡 앱을 설치했습니다. 카카오톡은 맥북, 아이패드, 아이폰에 각각 설치하고 자동 로그인으로 설정해 두면 편리하게 사용할 수 있습니다.

이제 앱스토어의 [새로운 발견]이나 [카테고리]를 클릭해 설치하고 싶은 앱을 자유롭게 설치해 보세요.

[알아 두면 좋아요!] 맥에서 '한글', '오피스 프로그램' 사용하기

한글 뷰어를 설치하고 웹 오피스 사이트를 알아 두면 윈도우 PC 사용자와 파일을 주고받을 때 편리합니다.

한글 뷰어

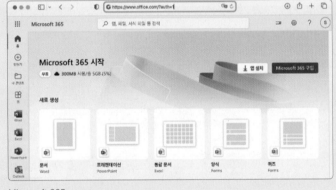

Microsoft 365

워드, 엑셀, 파워포인트와 같은 오피스 프로그램은 마이크로소프트에서 제공하는 웹 오피스 사이트를 통해서 사용할 수 있어요. 문서 보기, 수정, 새로 작성을 할 수 있으며 구독하지 않아도 무료로 사용 가능합니다.

하면 된다! ⟩ 인터넷에서 프로그램 설치하기

맥에서 사용하면 좋은 유용한 프로그램을 모두 앱스토어에서 다운로드 할 수 있는 것은 아닙니다. 애플의 공식 승인을 받지 않은 앱들은 앱스토어가 아닌, 인터넷에서 별도로 다운로드해야 합니다. 이번에는 크롬 (Chrome)을 인터넷에서 다운로드하고 설치해 보겠습니다.

1. 독에서 [Safari 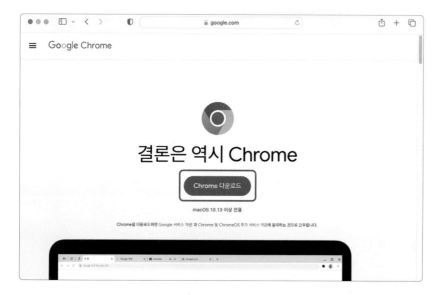]를 실행하고 상단의 스마트 검색 필드(검색 창)에 '크롬'을 입력해 검색합니다. 검색 결과 중에 'Chrome 웹 브라우저'를 선택하고 [Chrome 다운로드]를 클릭하여 프로그램을 다운로드합니다.

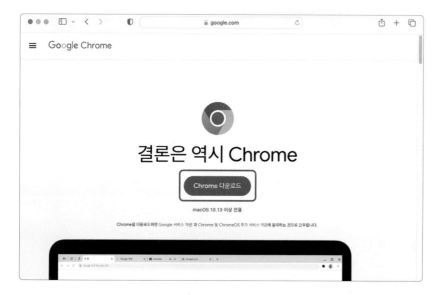

 다운로드한 프로그램을 직접 실행하면 경고 메시지가 나타날 수 있습니다. 이때 [승인]을 클릭한 후 다시 한번 설치 파일을 실행하거나 마우스 오른쪽 버튼 누르기 → [열기]를 클릭하면 설치할 수 있습니다.

2. 앱스토어가 아닌 곳에서 별도로 다운로드한 프로그램은 [다운로드] 폴더에 저장됩니다. 다운로드한 프로그램은 더블클릭해 설치합니다.

[파인더 → 다운로드] 폴더

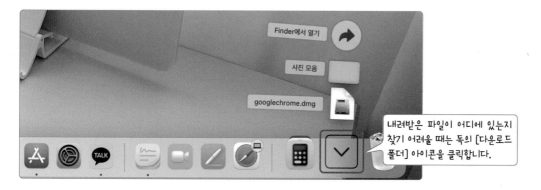

3. 오른쪽과 같은 팝업 윈도우가 나타나면 설치할 프로그램의 아이콘을 폴더 위로 드래그해 설치합니다.

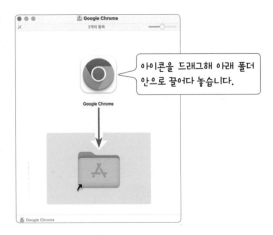

아이콘을 드래그해 아래 폴더 안으로 끌어다 놓습니다.

4. 설치한 프로그램의 아이콘이 보이지 않으면 [런치패드]를 클릭해 보세요. 자주 사용할 프로그램이라면 독으로 드래그하여 추가합니다.

런치패드

 맥은 해킹이나 바이러스에 감염될 우려가 낮은 편입니다. 그러나 이와 같이 인터넷에서 직접 다운로드한 프로그램은 바이러스나 해킹에 노출될 가능성이 있습니다. 이렇게 개인이 설치한 프로그램으로 바이러스에 감염된 맥은 무상 수리 보상을 받을 수 없으니 주의하세요.

하면 된다! 〉 응용 프로그램 삭제하기

맥에서 프로그램을 삭제할 때는 휴지통에 넣으면 됩니다. 응용 프로그램을 삭제한다면 파인더의 [응용 프로그램] 메뉴에서 삭제할 프로그램을 [휴지통 🗑]으로 드래그하면 됩니다. 맥은 프로그램을 설치하고 삭제하기 쉽지만 보안을 위해 매번 암호를 요구합니다. 암호를 잊지 않도록 주의하세요.

 휴지통은 독의 맨 오른쪽에 있습니다.

1. 독에서 [Finder ]를 클릭하고 왼쪽 사이드바의 메뉴에서 [응용 프로그램]을 선택하세요. 현재 설치돼 있는 프로그램의 아이콘이 나열돼 있는 것을 볼 수 있습니다.

2. 앞에서 설치한 카카오톡을 삭제하고 싶다면 카카오톡 아이콘을 클릭한 채 휴지통으로 드래그합니다.

 단, 사파리, 메모, 계산기와 같은 맥의 기본 프로그램은 사용자가 삭제할 수 없습니다.

3. 휴지통에 들어간 프로그램은 더이상 실행되지 않습니다. 그러나 휴지통을 비우기 전까지는 다시 복원할 수 있습니다. 휴지통에서 삭제한 파일에 마우스 오른쪽 버튼을 클릭하고 [되돌려 놓기]를 선택하면 파일이 복원됩니다.

4. 프로그램을 완전히 지우고 싶을 때는 [휴지통 비우기]를 선택하세요. [휴지통 비우기]는 휴지통에서 마우스 오른쪽 버튼을 클릭하면 나타납니다.

[알아 두면 좋아요!] 맥은 백신을 설치하지 않아도 되나요?

네. 그 이유는 간단합니다. 맥은 운영체제 자체가 강력한 백신 역할을 하기 때문에 여러 해커의 해킹이나 각종 바이러스에도 감염되지 않습니다. 바이러스나 해킹에서 완전히 자유로운 것은 아니지만 윈도우 PC처럼 백신을 따로 설치하고, 업그레이드하고, 매번 검사를 하지 않아도 됩니다. 하지만 앞에서 언급했듯이 인터넷에서 다운로드한 프로그램을 설치하면 바이러스에 감염되거나 해킹당할 우려가 있으므로 출처가 분명하고 믿을 수 있는 프로그램만 설치하기 바랍니다.

02-8
맥OS 업데이트하기

맥북을 사용하기 전에 맥OS가 최신 버전인지 업데이트할 내용은 없는지 확인해 주세요. 애플 메뉴 에서 쉽게 확인할 수 있습니다.

바로 업데이트 확인하기

1. 애플 메뉴 를 클릭하고, [시스템 설정]을 클릭하여 사용할 수 있는 업데이트가 있는지 확인합니다.

2. [소프트웨어 업데이트 사용 가능] 표시가 있다면, [지금 업데이트]를 클릭하여 최신 버전으로 바로 업데이트해 주세요.

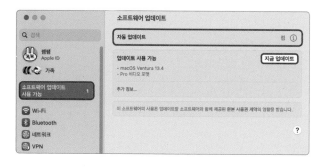

최신 버전을 사용하고 있다면 업데이트할 내용이 없을 것입니다. [자동 업데이트] 설정을 [켬]으로 설정해 두면 새로운 업데이트 내용이 생길 때마다 자동으로 업데이트되어 편리합니다.

02장에서는 01장에 이어서 나만의 맥북으로 마음에 쏙 들게 작업 환경을 꾸미는 내용을 알아보았습니다. 여러분은 자신의 취향에 맞게 맥북을 잘 꾸몄나요? 독과 스택 기능을 잘 활용하면 정말 편리하답니다!

이제는 맥으로 인터넷도 할 수 있고, 카카오톡도 할 수 있게 되었어요. 한글 문서, 오피스 문서도 맥에서 쉽게 구동할 수 있으니, 맥북이라고 불편한 점은 이제 없을 거예요!
다음 질문에 대답이 바로바로 떠오르는지 확인하고 다음 장으로 넘어갈게요.

나도 맥 정복 가능!

다음 질문에 바로 대답하지 못했다면 02장을 다시 한번 복습한 후에 03장으로 넘어가세요.

1. 배경화면을 나만의 스타일로 꾸몄나요? ☑
   ▶ 69쪽을 참고하세요.

2. 화면 모드가 낮에는 환하게, 밤에는 어둡게 자동으로 바뀌게 할 수 있나요? ☐
   ▶ 82쪽을 참고하세요.

3. 독을 내 마음대로 설정할 수 있나요? ☐
   ▶ 85쪽을 참고하세요.

4. 맥을 켰을 때 작업할 프로그램이 자동으로 열리게 할 수 있나요? ☐
   ▶ 92쪽을 참고하세요.

5. 필요한 앱을 설치하고, 필요 없는 앱을 삭제할 수 있나요? ☐
   ▶ 106쪽을 참고하세요.

세 번째 이야기

맥에서만 쓸 수 있는 9가지 기능

이번 장에서는 맥에서만 쓸 수 있는 맥의 필수 앱과 기능 9가지에 대해서 알아볼게요. 아이클라우드로 아이폰, 아이패드와 연결하고 트랙패드 제스처를 익혀 데스크탑을 효율적으로 사용하는 방법을 알아 두면 맥을 사용하는 게 더욱 즐거워질 거예요.

03-1

애플의 공유 웹하드, 아이클라우드

공유 설정, 아이클라우드
난이도 ★★☆

아이클라우드(iCloud)란 애플에서 무료로 제공하는 클라우드 서비스입니다. 아이폰으로 찍은 사진을 맥북에서도 확인할 수 있듯이 맥북, 아이폰, 아이패드, 아이팟을 하나로 이어 줍니다. 또한 기기에 있는 개인 정보를 안전하게 지키고 소프트웨어를 최신 상태로 유지하면서 어디서든 클라우드 서비스를 이용하려면 아이클라우드가 필수입니다.

아이클라우드

장점	단점
• 인터넷만 가능하다면 언제 어디서나 모든 사진, 파일, 메모, 이메일 등을 최신 상태로 유지할 수 있습니다. 매번 옮기거나 동기화 버튼을 누르지 않아도 자동으로 동기화됩니다. • 애플 계정이 동일하다면 어느 기기에서나 이용할 수 있습니다.	• 언제 어디서나 사용자의 정보에 접근할 수 있기 때문에 원치 않는 사람에게 노출될 수도 있습니다. 맥북이나 아이폰을 빌려 주면 자신의 모든 정보가 상대방에게 노출될 수 있기 때문입니다. • 어린아이가 잘못 만지면 사진이나 자료가 지워질 수도 있으니 조심해야 합니다.

주의점

아이클라우드를 사용할 때 주의해야 할 점도 있습니다. 아이클라우드를 사용하면 자동으로 동기화하므로 언제나 최신 상태로 갱신돼 개인용 사진이나 정보가 노출될 수 있으므로 아이클라우드 설정을 사용해도 되는 기기인지 반드시 확인할 필요가 있습니다. 여러 사람이 함께 사용하는 맥이나 아이패드에서는 아이클라우드 설정을 해제하는 것이 좋습니다.

아이클라우드는 각종 애플리케이션마다 자유롭게 공유해 활용할 수 있는 강력한 기능입니다. 특히 아이폰이나 아이패드를 사용하고 있다면 사용 방법을 완벽하게 익혀 두세요!

 무료로 제공되는 5GB의 데이터 저장 공간이 부족하다면, 최대 12TB를 제공하는 아이클라우드+(플러스)로 업그레이드하는 것을 추천합니다. 하지만 유료 구독 상품이니 필요에 따라 사용하세요!

아이클라우드닷컴

맥북, 아이폰, 아이패드와 같은 애플 기기뿐만 아니라 윈도우 PC나 안드로이드 스마트폰에서도 icloud.com 사이트에 접속하면 아이클라우드 서비스를 이용할 수 있습니다.

맥의 모든 프로그램은 아니어도 많은 기능을 사용할 수 있습니다.

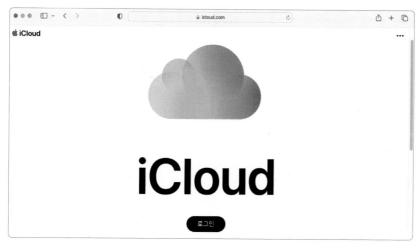

 모든 브라우저에서 icloud.com에 접속하면 사진, 파일 등에 접근할 수 있습니다.

아이클라우드는 윈도우 PC의 인터넷 브라우저로도 접속할 수 있습니다.

icloud.com으로 접속한 아이클라우드는 약간의 기능 제한이 따르긴 하지만 맥 이외의 다른 기기에서도 사용할 수 있습니다.

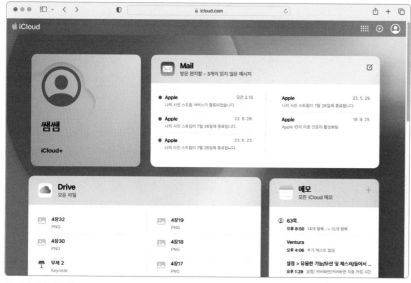

웹 버전에서 사용할 수 있는 아이클라우드 기능들

하면 된다! } 아이클라우드 설정하기

1. 독에서 [시스템 설정 ⚙️]을 클릭한 후 [Apple ID]를 클릭하세요.

 사용자 이름이 보이지 않는다면 Apple ID 로그인을 합니다.

2. 맥을 구매한 후 전원을 처음 켤 때 애플 아이디로 로그인했다면 아이클라우드에도 로그인돼 있을 것입니다. 애플 아이디로 로그인하면 아이클라우드가 자동으로 켜집니다.

[iCloud]를 클릭하면 아이클라우드 기능을 사용하고 싶은 앱을 선택할 수 있습니다.

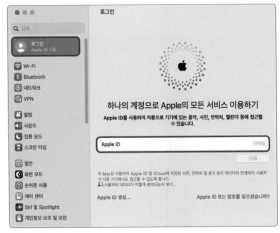

로그인을 클릭하고 Apple ID를 입력합니다.

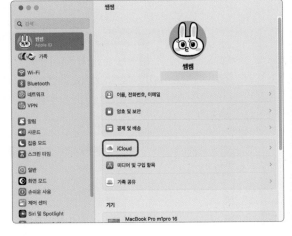

3. 필요한 항목을 클릭하면 동기화가 진행됩니다.

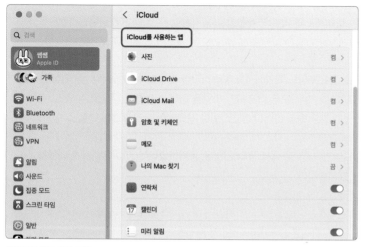

아이클라우드 설정 화면

 맥에서 말하는 동기화란 애플에서 제공하는 아이클라우드 서비스를 이용해 인터넷에 모든 자료를 올려 아이폰과 아이패드, 맥북에서 동시에 같은 자료를 볼 수 있도록 하는 서비스입니다.

 새로운 애플 기기에 로그인하면 사진, 백업 및 드라이브와 같은 아이클라우드의 주요 기능이 자동으로 설정됩니다.

4. 맥북 아이클라우드에 넣어 놓은 이미지 파일이 아이패드와 아이폰에 자동으로 들어와 있음을 확인할 수 있습니다.

맥

아이패드

아이폰

아이클라우드에서 사용할 수 있는 기능

사진	사진 앱을 이용하면 아이폰, 아이패드와 맥북의 사진첩을 동기화할 수 있습니다. 아이클라우드를 활용해 언제 어디서나 어떤 기기에서라도 같은 사진을 볼 수 있으며, 동영상도 동기화할 수 있습니다.
iCloud Drive	애플 기기는 물론 윈도우 PC, 안드로이드 기기에서도 접속하거나 편집할 수 있습니다. 즉, 가상의 USB라는 개념으로 이해하면 됩니다. 기기는 모두 다르지만 파일을 하나로 통합해 관리할 수 있죠. 언제 어디서나 인터넷이 연결되어 있고 같은 애플 아이디로 로그인한 상태라면 작업을 이어서 할 수 있습니다.
iCloud Mail	읽은 이메일 표시, 이메일 보내기, 이메일 삭제 등의 기능을 동기화합니다. 아이폰에서 이메일을 읽으면 맥북에서도 읽은 것으로 표시됩니다.
암호 및 키체인	애플 기기 전용 비밀번호를 관리하는 기능입니다. 키체인에 아이디와 암호를 저장해 두고 언제 어디서나 편리하게 사용할 수 있습니다. 아이폰이나 아이패드, 맥 시리즈와 연동할 수 있게 되면서 로그인/로그아웃이 더욱 편리해졌습니다.
메모	아이클라우드 계정에 메모를 할 수 있고, 아이폰과 아이패드 등과 같은 기기와 공유할 수도 있습니다. 계정을 추가하려면 이메일 확인 과정이 필요하며 네이버, 다음과 같은 이메일을 사용한다면 해당 아이디로 추가 메모장을 만들 수 있습니다.
나의 Mac 찾기	맥을 분실했을 경우에 대비해 현재 맥에 로그인된 애플 계정을 이용해 맥의 위치를 확인하거나 경보음을 내거나 사용하지 못하게 할 수 있습니다.
연락처	아이폰에서 추가한 연락처를 맥북에서도 볼 수 있고, 맥북에서 편집한 연락처 내용을 아이폰에서도 볼 수 있습니다.
10월 14 캘린더	일정 등록, 삭제, 편집 등의 기능을 동기화합니다. 아이클라우드를 이용해 마치 하나의 캘린더를 수정하듯 변경 사항을 함께 볼 수 있습니다.
미리 알림	할 일 목록을 추가하거나 이미 실행한 것으로 체크하면 아이폰이나 맥북에서도 볼 수 있습니다.
사파리	책갈피, 읽기 목록, 현재 열린 웹 페이지를 공유합니다. 만약 맥북에서 책갈피를 등록했다면 아이폰이나 아이패드에서도 볼 수 있고, 이와 반대일 때도 볼 수 있습니다.
주식	맥OS 모하비에서 추가된 기능입니다. 기기(아이폰, 아이패드, 맥북)와 상관없이 아이클라우드를 이용해 최신 주식 정보를 알려 줍니다.

홈	애플의 홈 IoT 서비스로 애플 홈킷 액세서리를 제어할 수 있습니다. 과거에는 iOS만 지원했지만, 모하비부터 맥북에서도 지원하게 됐습니다.
지갑	아이클라우드에 신용 카드를 저장해 사용자의 애플 아이디로 로그인한 모든 기기에서 사용할 수 있도록 합니다.
Siri	시리에 대한 설정을 공유합니다. 특히 iOS12 버전부터 지원하는 단축어 기능을 맥OS에서도 사용할 수 있습니다.
프리폼	무한 확장 가능한 메모장으로 작성하고 맥과 아이폰, 아이패드에서 공유하여 사용할 수 있습니다.

이 외에도 공유하고 싶은 자주 쓰는 앱이 있다면 설정에서 선택하면 됩니다. 맥과 아이폰, 아이패드에서도 아이클라우드 설정을 완료했다면 이제 모든 정보를 기기마다 공유할 수 있습니다.

[알아 두면 좋아요!] 자동으로 실시간 공유되는 아이클라우드 드라이브

아이클라우드 드라이브(iCloud Drive)는 아이폰과 아이패드뿐 아니라 맥과 윈도우 PC에서도 접속하거나 편집할 수 있는 기능입니다. 기기는 모두 다르더라도 파일을 하나로 통합해 관리할 수 있는 것이죠. 즉, 애플에서 제공하는 가상의 USB라고 할 수 있습니다.

아이클라우드 드라이브를 사용하면 개별 기기에서 하던 작업 환경이 통합 기기로 확장됩니다. 인터넷만 연결돼 있다면 언제 어디서나 이어서 작업할 수 있습니다.

 아이클라우드 드라이브는 요세미티 버전부터 사용할 수 있습니다.

예를 들어 아이맥으로 문서 작업을 하다가 저장하면 현재 상태 그대로 맥북에서 파일을 열어 수정한 바로 다음 부분부터 다시 작업할 수 있습니다. 또한 맥북에서 작업하다가 저장한 상태 그대로 외출 시에도 아이폰에서 확인할 수 있어 아주 편리합니다. 번거롭게 맥북을 따로 챙겨 들고다니지 않아도 됩니다. 아이클라우드 드라이브를 사용하면 작업 영역이 훨씬 넓어질 뿐 아니라 여러 기기를 사용할 때도 편리하게 활용할 수 있고, 애플 기기 간의 이동도 더욱 쉬워집니다.

03-2
트랙패드의 10가지 제스처

트랙패드 활용 및 제스처
난이도 ★★☆

01장에서 트랙패드를 활용하는 기본적인 방법을 살펴봤습니다. 트랙패드에는 기본 기능 외에도 단축키와 같은 추가 기능이 많습니다. 이번에는 트랙패드의 추가 기능을 살펴보겠습니다.

마치 화면을 직접 만지며 작업하는 것 같은 착각이 들 정도로 편리한 기능이 많으니 꼭 익혀 두고 사용하세요.

트랙패드 제스처는 다소 복잡해 보일 수도 있지만 알고 보면 어렵지 않습니다. 크게 세 가지만 기억하세요. 1. 쓸어 넘기기 2. 탭하기 3. 모으기와 펼치기(핀치 줌 아웃)

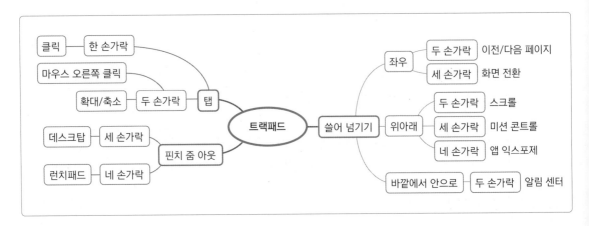

[스크롤] 기능

두 손가락으로 스크롤하면 웹 서핑을 하거나 각종 문서를 볼 때 화면의 위아래로 자연스럽게 스크롤할 수 있습니다. 사파리, 파인더 등에 활용해 보세요.

두 손가락으로 스크롤하기

[스마트 확대] 기능

확대하고 싶은 곳에 포인터를 올려놓은 상태에서 두 손가락을 이용해 가볍게 두 번 탭해 보세요. 화면이 적당한 크기로 확대됩니다. 다시 두 번 탭하면 축소됩니다.

두 손가락으로 두 번 탭하기

[회전] 기능

사진이나 콘텐츠를 회전하려면 콘텐츠 위에 포인터를 올려놓은 상태에서 두 손가락을 같이 둥글게 움직여 회전합니다.

 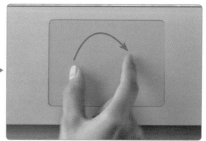

사진을 90˚로 회전하고 싶다면, 위 그림처럼 완전히 옆으로 눕히세요. 사진이 각도에 따라 회전됩니다.

[이전 페이지]/[다음 페이지] 기능

페이지 쓸어 넘기기를 이용해 웹 서핑을 하거나 작업 도중 이전 화면으로 돌아갈 수 있습니다. 아래 그림처럼 두 손가락으로 부드럽게 쓸어 넘겨 주세요. 만일 이전 페이지로 가고 싶다면 왼쪽에서 오른쪽으로 쓸어 넘겨 주고, 다음 페이지로 가고 싶다면 오른쪽에서 왼쪽으로 쓸어 넘겨 주세요.

 종이책을 넘기는 방향과 같아요.

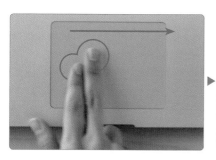 

[화면 전환] 기능

맥은 데스크탑(바탕화면)을 여러 개 만들 수 있으며 앱 윈도우를 전체 화면으로 전환하면 하나의 단일 데스크탑으로 인식합니다. 다른 작업 화면을 보고 싶다면 세 손가락으로 쓸어 넘겨 주세요.

왼쪽 데스크탑으로 가고 싶다면 왼쪽에서 오른쪽으로 쓸어 넘겨 주고, 오른쪽 데스크탑으로 가고 싶다면 오른쪽에서 왼쪽으로 쓸어 넘겨 주세요.

 [시스템 설정 → 트랙패드 → 추가 제스처]에서 [전체 화면 응용 프로그램 쓸어넘기기]를 통해 세 손가락 혹은 네 손가락으로 설정할 수있어요

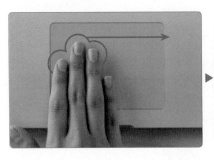 

[알림 센터 보기] 기능

맥의 기본 기능 가운데 하나인 알림 센터를 보려면 트랙패드 오른쪽 가장자리에서 두 손가락을 왼쪽으로 쓸어 넘겨 주세요.

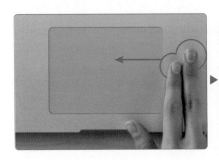 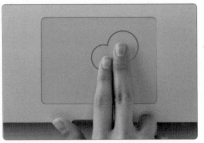

반대로 오른쪽 가장자리로 쓸어 넘기면 알림 센터가 가려집니다.

[미션 컨트롤 보기] 기능

세 손가락을 트랙패드의 아래쪽에서 위쪽으로 쓸어올려 주세요. 미션 컨트롤을 종료하려면 위쪽에서 아래쪽으로 쓸어내리면 됩니다.

미션 컨트롤은 열려 있는 모든 윈도우를 한눈에 보기 쉽게 정리해 주는 기능입니다. 자세한 내용은 03-4절을 참고하세요.

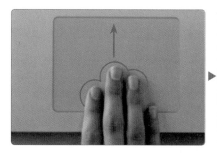 

[앱 익스포제] 기능

네 손가락을 모아 아래쪽으로 쓸어내리면 사용 중인 앱의 윈도우가 모두 표시됩니다.

 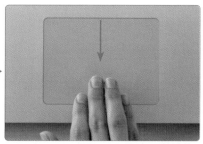

미션 컨트롤과 앱 익스포제의 차이점을 살펴보면, 미션 컨트롤은 전체 실행 중인 윈도우를 모두 보여 주지만, 앱 익스포제는 앱에만 초점을 맞춰 현재 실행 중인 프로그램만 한눈에 볼 수 있게 정리해 줍니다.

[데스크탑 보기] 기능

데스크탑에 열려 있는 윈도우가 많다면 네 손가락을 모은 다음, 밖을 향해 벌려 주세요. 열려 있던 윈도우가 모두 사라지고 깨끗한 데스크탑이 나타납니다. 다시 되돌리려면 손가락을 다시 모아 주세요.

 데스크탑에 있는 폴더와 파일로 접근하기 쉬워집니다.

[런치패드 보기] 기능

런치패드를 실행하려면 엄지와 세 손가락을 벌려 패드 위에 올렸다가 안으로 모아 주세요. 런치패드를 종료하고 싶으면 반대로 엄지와 세 손가락을 벌려 주세요.

지금까지 트랙패드의 다양한 기능을 살펴봤습니다. 처음에는 헷갈리기도 하고 기능이 너무 많아 복잡하다고 생각할 수 있지만 익숙해지면 마우스보다 편하게 사용할 수 있습니다.

[알아 두면 좋아요!] 트랙패드와 마우스의 추가 기능

시스템 설정에서 조절할 수 있는 트랙패드와 마우스의 부가 기능 및 추가 기능은 자신에게 더 편리한 방법으로 커스터마이징할 수 있습니다. 각 메뉴 아래에서 설정을 변경하면 작동 방식을 바꿀 수 있습니다. 단, 다른 기능과 겹치지 않도록 확인한 후에 설정을 변경해야 합니다.

맥에 기본으로 설정돼 있는 조작 방법을 바꾸면, 내 PC에서는 다소 편리할 수 있지만 다른 맥을 잠시 사용할 일이 있을 때는 오히려 불편할 수 있습니다.

03-3

뭐든지 찾아 주는 검색 창, 스팟라이트

스팟라이트 이해 및 활용
난이도 ★★☆

맥에는 전체 시스템과 웹을 적극적으로 활용하는 검색 기능인 스팟라이트(Spotlight)가 있습니다. 이 기능을 활용하면 앱, 문서, 파일 등의 항목을 빠르게 찾을 수 있습니다. 또한 계산 및 변환 값을 쉽게 구할 수 있습니다. 예를 들어 환율을 검색하면 최신 환율을 웹에서 검색해 바로 보여 주고 계산도 척척 해줍니다. 찾기 어려운 앱이나 설정 등은 스팟라이트에게 물어보세요! 가장 빠르게 찾아 줄 거예요.

스팟라이트

상황별 검색 결과 살펴보기

메뉴 막대에서 [스팟라이트 🔍]를 클릭합니다.

일반적인 단어를 검색했을 때 일치하는 항목이 많지 않으면 간단히 보여 줍니다. 검색뿐 아니라 수식을 입력하면 과정과 결괏값을 보여 주기도 합니다.

 스팟라이트 단축키 command ⌘ + Spacebar 를 클릭해도 스팟라이트 검색 창이 빠르게 나타납니다

검색 창에 수학 계산식, 온도나 통화, 단위, 세계 시간 변환 등을 입력하면
곧바로 변환 계산한 값을 확인할 수 있습니다.

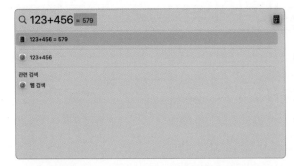
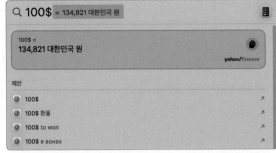

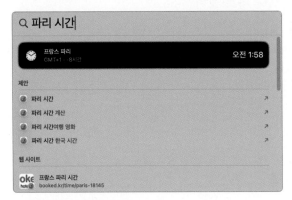

스팟라이트 검색 팁

스팟라이트에서 검색할 때 키워드에 다음 조건을 첨가하면 더욱 정확한
검색 결과를 얻을 수 있습니다.

AND	앞 단어와 뒤 단어를 '모두' 포함한 검색 결과를 보여 줍니다.
OR	앞 단어 '또는' 뒤 단어를 포함한 검색 결과를 보여 줍니다.
AND NOT	앞 단어가 포함된 결과 중에서 뒤 단어를 '제외한' 결과를 보여 줍니다.

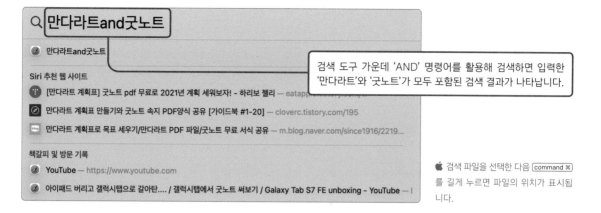

검색 도구 가운데 'AND' 명령어를 활용해 검색하면 입력한 '만다라트'와 '굿노트'가 모두 포함된 검색 결과가 나타납니다.

 검색 파일을 선택한 다음 command ⌘ 를 길게 누르면 파일의 위치가 표시됩니다.

검색 범위와 순위 지정하기

스팟라이트는 기본적으로 모든 영역을 대상으로 검색하고 결과를 보여 줍니다. 검색 범위를 좁히고 싶다면 설정을 변경할 수 있습니다. [시스템 설정 ⚙ → Siri 및 Spotlight]를 클릭합니다.

검색 결과에 나타낼 카테고리가 표시됩니다.

검색에서 제외하고 싶은 카테고리는 선택을 해제합니다. 이제 검색 결과에서 체크 해제된 카테고리는 검색에서 제외됩니다.

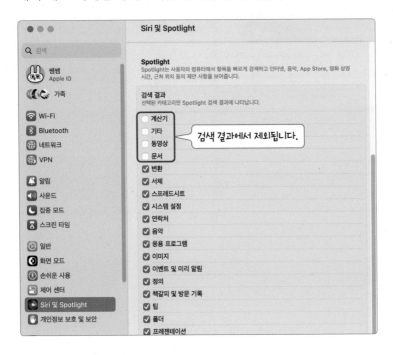

03-4

데스크탑 관리를 쉽게, 미션 컨트롤

미션 컨트롤(Mission Control)은 현재 작업 중인 윈도우뿐 아니라 열려 있는 모든 윈도우를 한눈에 보기 쉽게 정리해 주는 기능입니다. 미션 컨트롤에 익숙해지면 일의 효율성도 두 배로 높일 수 있습니다.

먼저 여러 윈도우가 열려 있는 상태에서 [독 → 런치패드 → 미션 컨트롤 ▦]을 클릭합니다.

미션 컨트롤

 트랙패드에서 세 손가락으로 쓸어 올리면 미션 컨트롤이 나타나고, 세 손가락으로 쓸어내리면 미션 컨트롤 이 해제됩니다.

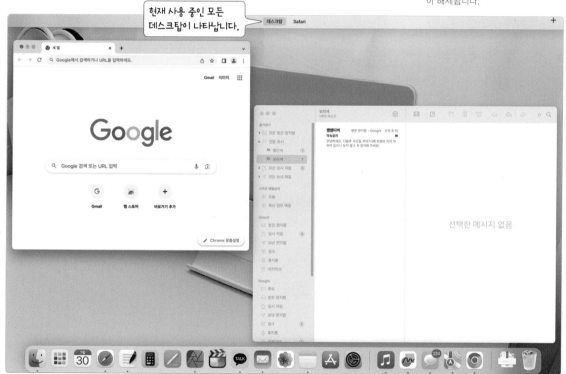

미션 컨트롤을 실행한 화면

상단 목록에 포인터를 올려놓으면 스페이시스 막대에 작업 중인 화면이 나타납니다. 오른쪽에 있는 [추가 ⊞]를 클릭하면 새로운 데스크탑이 만들어집니다.

 맥에서는 윈도우를 전체 화면으로 전환하면 하나의 데스크탑으로 표시 됩니다.

맥에서는 데스크탑을 여러 개 사용할 수 있습니다.

⊞를 누르면 새로운 데스크탑이 하나 더 생성됩니다.

새로 생성된 데스크탑을 제거하려면 축소판 위에 포인터를 올려놓으면
나타나는 [삭제 ⊗]를 클릭하면 됩니다.

작업 공간 자유롭게 이동하기

데스크탑 간에 열려 있는 윈도우나 파일 등의 이동도 자유롭습니다. 이동하
고 싶은 파일이나 앱을 클릭한 채로 다른 데스크탑으로 드래그하면 됩니다.
[데스크탑 1]에 열려 있는 캘린더를 [데스크탑 3]으로 드래그해 보세요.

미션 컨트롤은 데스크탑의 모든 윈도우를 겹쳐 보여 주지 않고 독립된 윈도우로 보여 줍니다.

캘린더의 윈도우를 화면의 상단으로 드래그하면 미션 컨트롤이 바로 실행되어 화면 상단에 스페이시스 막대가 나타납니다. 드래그한 캘린더를 [데스크탑 3]으로 손쉽게 이동할 수 있습니다.

 맥의 데스크탑은 여러 개의 윈도우를 한번에 열어 둘 수 있지만, [전체 화면 ●]으로 전환된 앱은 단독 데스크탑으로 표시됩니다.

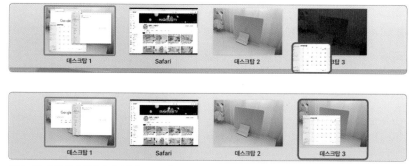

[데스크탑 1]에 있던 캘린더 앱이 [데스크탑 3]으로 이동했습니다.

화면 전환하기

미션 컨트롤을 보면 여러 가지 데스크탑과 전체 화면이 실행 중인 것을 알 수 있습니다. 일반적으로 제스처를 이용하면 화면 간에 이동할 수 있지만 키보드로 실행하는 방법도 있습니다.

 트랙패드에서는 '세 손가락'으로 좌우 쓸어 넘기기, 매직 마우스에서는 '두 손가락'으로 좌우 쓸어 넘기기를 하면 화면 전환을 할 수 있습니다.

키보드에서 control+◄ / ► 키를 누르면 데스크탑이 화살표 방향대로 전환됩니다.

하면 된다! } 작업 효율을 높여 주는 핫 코너 활용하기

미션 컨트롤의 설정 중에는 놓치기 쉬운 팁이 한 가지 있습니다. 바로 핫 코너 기능입니다. 이 기능을 이용하면 화면의 모서리 네 곳을 단축키처럼 활용할 수 있습니다.

예를 들어 왼쪽 아래 모서리를 미션 컨트롤로 설정하면 굳이 다른 단축키를 설정하지 않더라도 바로 미션 컨트롤로 갈 수 있습니다. 이와 마찬가지로 미션 컨트롤을 종료하려면 다시 왼쪽 아래 모서리로 포인터를 이동하면 됩니다.

1. [시스템 설정 → 데스크탑 및 Dock → 핫 코너...]를 클릭합니다.

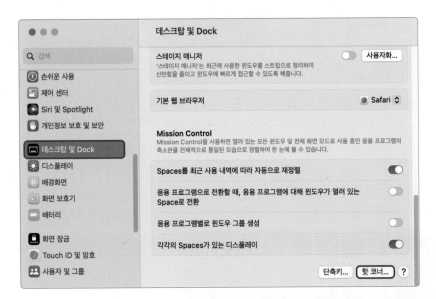

2. 기본적으로 아무런 설정도 하지 않은 상태의 '활성 화면 윈도우'가 열립니다.

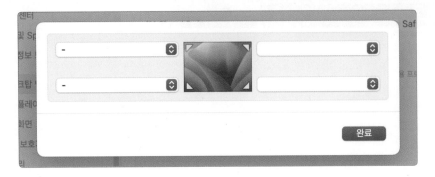

3. [옵션 ⬦] 버튼을 클릭하고 각 코너(모서리)에서 실행하고 싶은 작업을 선택합니다.

그런데 포인터가 코너에 놓일 때마다 특정 작업이 실행된다면 오작동이 일어날 수 있습니다. 원치 않는데도 작업이 진행될 수 있는 것이죠. 이러한 오작동을 방지하기 위해 키보드의 키를 추가할 수 있습니다. 추가할 수 있는 키로는 command ⌘, shift, option, control 이 있습니다.

4. 오작동을 방지하려면 각 코너에서 항목을 선택하기 전에 command ⌘ 를 누른 상태에서 선택해야 합니다.

command ⌘ 키를 누른 상태에서만 작동합니다.

처음에는 조금 헷갈릴 수 있지만 미션 컨트롤의 화면 전환 기능은 작업 시간을 단축시켜 줄 놀라운 기능이라는 것을 알게 될 것입니다.

03-5

두 화면을 동시에, 스플릿 뷰

스플릿 뷰 이해 및 활용
난이도 ★★☆

스플릿 뷰

맥으로 작업하다 보면 윈도우의 크기를 직접 변경하고 각각의 윈도우를 배열하는 일이 번거롭게 느껴집니다. 더욱이 이러한 배열은 쉽게 흐트러지기도 하는데요. 이런 문제는 윈도우를 자동으로 배열해 주는 스플릿 뷰 (Split View) 기능으로 해결됩니다. 한 화면에서 두 앱을 나란히 동시에 작업할 수 있게 해주어 편리합니다.

하면 된다! 〉 스플릿 뷰 사용하기

윈도우를 왼쪽이나 오른쪽으로 배치한 후, 함께 사용할 앱을 자동으로 열어 주는 스플릿 뷰를 활용해 작업의 효율성을 높여 보겠습니다.

1. 스플릿 뷰로 화면 분할하기

여러 가지 앱을 실행하면 데스크탑에 여러 윈도우가 겹칩니다.

2. 하나의 윈도우에서 [전체 화면 ⊘] 위로 포인터를 위치하고 옵션 창이
나오면 [화면 왼쪽에 윈도우 배치]를 클릭합니다.

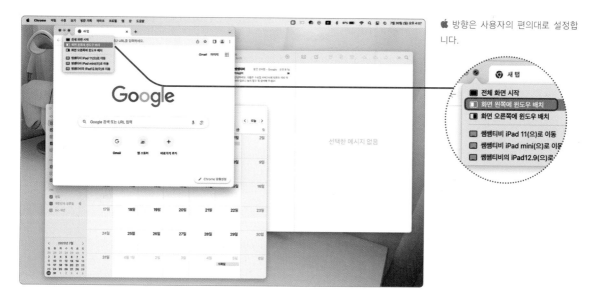

 방향은 사용자의 편의대로 설정합
니다.

3. 왼쪽 화면이 스플릿 뷰로 먼저 고정되고, 나머지 윈도우 중에 오른쪽에
배치할 윈도우를 선택하여 클릭하면 자동으로 오른쪽에 고정됩니다.

4. 이제 스플릿 뷰로 분할 정리된 화면을 볼 수 있습니다. 선택한 두 개의
앱을 화면에 고정시켜 놓아서 작업할 때 편리합니다.

스플릿 뷰는 두 개의 앱을 한 화면에 나타내는 기능입니다. 그래서 기본적으로 두 개 이상의 앱이 실행 중이어야만 스
플릿 뷰를 실행할 수 있습니다. 만약 한 개의 앱만을 사용하다가 스플릿 뷰를 실행하면 스플릿 뷰가 실행되지 않고 풀
려 버립니다.

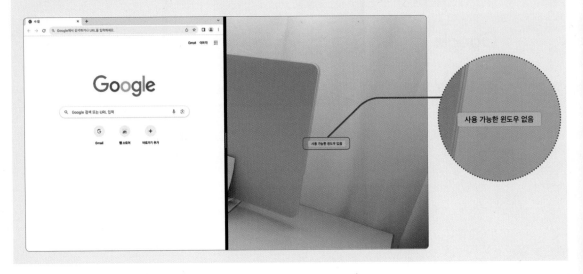

5. 스플릿 뷰 비율 조정하기

스플릿 뷰의 비율을 변경하고 싶을 때는 가운데의 검은색 구분 막대 위로 포인터를 이동한 다음 클릭한 상태에서 좌우로 드래그하면 됩니다. 이동한 후에 손을 놓으면 스플릿 뷰를 조정된 비율로 사용할 수 있습니다.

 원래 크기로 돌아가려면 구분 막대를 더블클릭하세요!

6. 스플릿 뷰로 배치된 앱의 순서를 변경하려면 윈도우의 제목 막대를 클릭한 상태에서 좌우로 드래그하여 옮기면 됩니다.

7. 앱의 좌우 위치가 변경된 것을 볼 수 있습니다.

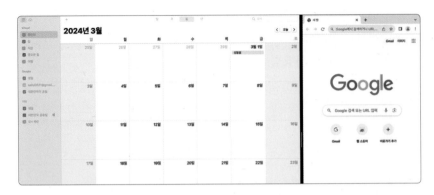

8. 한쪽에서 다른 앱을 사용하려면 앱 윈도우의 [전체 화면 ⊘] 위로 포인터를 위치한 후 [배치된 윈도우 대치]를 선택하고 대신 사용할 윈도우를 클릭합니다.

9. 스플릿 뷰 해제하기

스플릿 뷰를 해제하려면 [전체 화면 ⊘]을 클릭하면 됩니다.

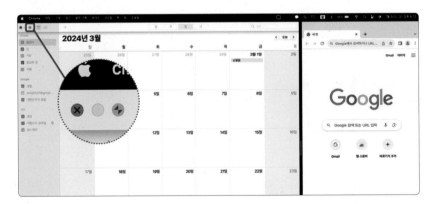

10. 스플릿 뷰가 종료되었습니다.

스플릿 뷰에서 함께 작업하던 크롬 앱이 자동으로 '전체 화면'으로 전환되는 것을 볼 수 있습니다.

11. 원래의 모습대로 두 개의 윈도우를 하나의 데스크탑에 나타내고 싶다면 미션 컨트롤에서 왼쪽 위에 있는 [축소 ✳]를 클릭합니다.

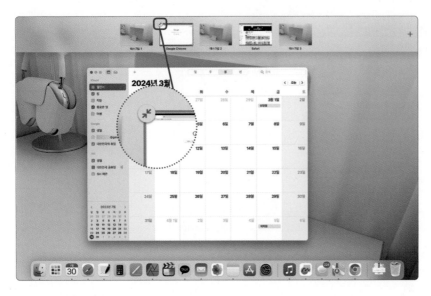

두 앱의 윈도우가 하나의 데스크탑 위에 위치합니다.

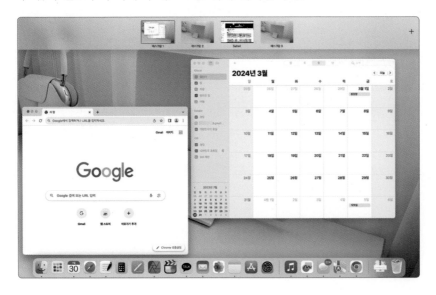

03-6

작업을 빠르게, 스테이지 매니저

스테이지 매니저
난이도 ★★★

스테이지 매니저(Stage Manager)는 데스크탑에서 필요 없는 앱과 윈도우를 정리해 주는 기능으로 사용자가 집중력을 유지할 수 있도록 해줍니다. 현재 사용 중인 앱은 화면 중앙에 표시하고, 최근 사용한 앱들은 화면의 왼쪽에 축소판으로 표시하여 데스크탑을 깔끔하게 정리해 줍니다.

축소판을 클릭하면 윈도우를 전환할 수 있고, 데스크탑을 클릭하면 데스크탑의 파일 및 폴더에 접근할 수 있습니다. 또한 각 축소판을 통해 윈도우를 실시간으로 확인할 수 있으므로 수신 메시지와 같은 업데이트를 빠르게 확인할 수 있어 편리합니다.

하면 된다! 〉 스테이지 매니저로 화면 정리하기

1. 스테이지 매니저 켜기 또는 끄기

메뉴 막대에서 [제어 센터 🎛️]를 클릭한 다음 [스테이지 매니저]를 클릭합니다. 활성화되면 버튼 색상이 파란색으로 바뀌고 스테이지 매니저 기능이 켜집니다. 해제하고 싶다면 스테이지 매니저를 다시 한번 클릭하면 됩니다.

 스테이지 매니저를 사용하려면 맥 OS 벤투라 이후 버전이 필요합니다.

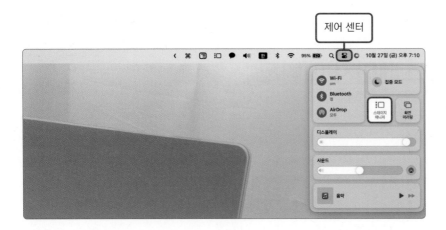

제어 센터

2. 응용 프로그램을 실행합니다. 여기서는 미리 알림, 캘린더, 메일을 열어 보겠습니다. 독이나 파인더에서 해당 프로그램을 찾아 실행하면, 두개는 왼쪽에 축소판으로 정렬되고 마지막으로 실행한 프로그램은 화면중앙에 나타납니다.

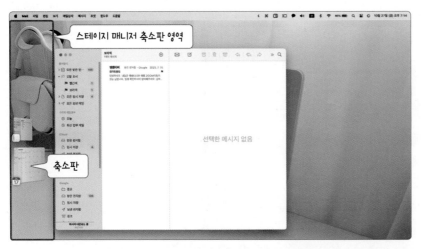

스테이지 매니저 축소판 영역

축소판

 최근 사용 내역에 따라 축소판이 자동으로 정렬되며, 데스크탑 크기에 따라 축소판이 최대 6개까지 표시됩니다.

3. 왼쪽의 축소판을 하나씩 화면 중앙으로 드래그해 보세요. 바로 '윈도우그룹'이 만들어집니다. 바탕화면 빈 곳을 클릭하면 화면 중앙에 있던 '윈도우 그룹'이 축소판으로 되어 화면 왼쪽 축소판 영역으로 이동합니다.

 shift 를 누른 상태에서 축소판을클릭해도 됩니다.

윈도우 그룹 생성

축소판을 화면 중앙으로 드래그

4. 같은 방법으로 윈도우 그룹을 하나 더 만들어 보세요. 여기서는 화면 중앙에는 굿노트와 메모 앱이 그룹화되어 있고, 축소판에는 메일, 캘린더, 미리 알림이 그룹화되어 있습니다.

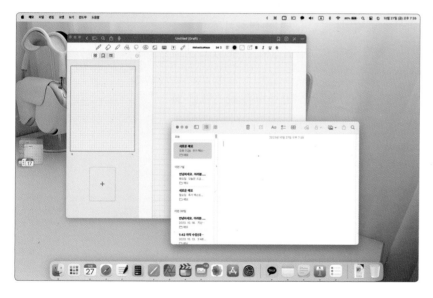

 데스크탑 중앙에 있는 창은 최소화 버튼이나 command ⌘ + M 을 눌러서 축소판 영역으로 이동할 수 있습니다.

5. 생성한 그룹에서 제거하고 싶은 윈도우가 있다면 축소판 영역으로 다시 드래그하면 됩니다.

윈도우의 이동은 제목 막대의 빈 곳을 클릭하고 드래그합니다.

제목 막대 클릭하여 드래그

축소판 영역으로 드래그하기

화면에서 축소판 가리기

독에서 [시스템 설정]을 클릭하고 왼쪽 사이드바에서 [데스크탑 및 Dock]을 클릭한 다음 오른쪽의 [스테이지 매니저] 항목에서 [스테이지 매니저에서 최근 사용한 앱 보기]를 비활성화해 주세요. 이 설정이 꺼져 있으면 화면에서 축소판이 보이지 않습니다.

숨어 있는 축소판을 나타나게 하고 싶으면 마우스 포인터를 데스크탑 화면의 왼쪽 가장자리로 가져가면 됩니다.

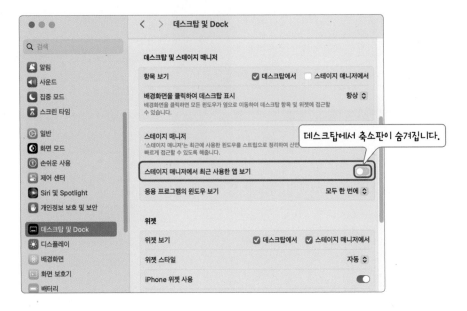

[시스템 설정 → 데스크탑 및 Dock]의 오른쪽 창에서 맨 아래에 있는 [각각의 Spaces가 있는 디스플레이]가 켜져 있는지 확인하세요.

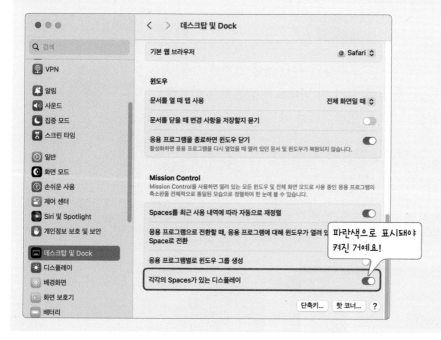

03-7
편집에서 공유까지, 사진 앱

사진 뷰어 및 편집 기능
난이도 ★★★

사진(Photo) 앱은 사진을 관리하는 프로그램입니다. 애플 기기를 사용하고 있다면 아이클라우드 기능을 통해 사진 및 비디오를 공유하여 사용해 보세요. 언제 어디에서나 실시간으로 업데이트된 사진과 비디오를 볼 수 있습니다.

사진 앱은 사진과 관련한 다양한 목록을 제공하고 다양한 필터를 적용할 수 있으며 잡티 제거, 화이트 밸런스 등의 편집 기능까지 제공합니다. 또한 여러 가지 테마와 음악이 있는 슬라이드 영상도 만들 수 있으며, 책과 캘린더, 액자 등의 다양한 제작물 만들기까지 사진 앱에서 모두 할 수 있습니다.

사진

사진 보관함

아이클라우드 기능을 켜두었다면 아이폰과 아이패드에서 촬영한 사진이 실시간으로 맥 사이드바 [사진] 항목의 [보관함]에 공유됩니다.

모든 기기에서 동일한 방식으로 사진이 정리되며, 항목을 편집하거나 제거하면 모든 기기에서 변경사항이 실시간으로 적용됩니다. 아이폰으로 촬영한 동영상을 맥에서 바로 편집할 수 있어 아주 편리합니다.

 아이클라우드 공유 기능을 이용하려면 각 기기 모두 동일한 애플 아이디로 로그인되어 있어야 합니다. 맥OS나 iOS도 최신 버전인지 확인하세요.

사진 보기

사진 앱을 열고 사이드바에서 [보관함]을 클릭한 다음, 도구 막대에서 연, 월, 일 또는 모든 사진을 클릭하면 사진을 볼 수 있습니다. 특정 사람이나 특정 위치에서 촬영한 사진을 보려면 사이드바에서 '사람들' 또는 '장소'를 클릭합니다.

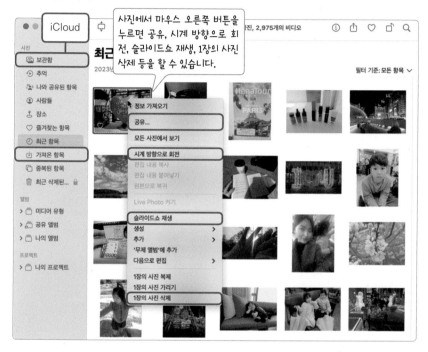

[보관함]은 맥에 있는 모든 사진을 볼 수 있는 곳이에요. 아이클라우드를 통해 공유된 사진은 물론이고, 다운로드한 사진을 포함한 모든 사진은 보관함에서 볼 수 있습니다.

[보관함] 아래 메뉴를 한 번씩 클릭해 보세요. [추억], [사람들], [장소] 등을 클릭하면 사진 앱이 자동으로 주제별로 사진을 모아 보여 줍니다.

다운로드한 사진들을 보고 싶다면 [가져온 항목]을 클릭합니다. [최근 항목]을 클릭하면 최근에 촬영한 사진이나 비디오를 볼 수 있습니다.

앨범

사이드바 [앨범] 항목에서 [미디어 유형]을 클릭하고 원하는 유형을 선택하면 각 유형별로 사진을 모아서 보여 줍니다. [비디오]를 선택하면 동영상 파일만 보입니다.

[나의 앨범] 항목에서 [추가 ⊕]를 클릭하면 앨범과 스마트 앨범, 폴더를 만들 수 있습니다. 나만의 앨범을 만들어 사진을 정리하고 싶다면 이곳에서 관리하면 됩니다.

프로젝트

[사진] 항목의 [보관함]에 있는 사진들로 여러 가지 다양한 제작물 만들 수 있습니다. [프로젝트] 항목의 [나의 프로젝트]에서 [추가 ⊕]를 클릭하면 다양한 제작물 형식을 선택할 수 있습니다.

하면 된다! } 사진 앱에 사진 추가해 편집하기

1. 사진 추가하기

인터넷에서 다운로드한 사진이나 카카오톡에서 받은 사진을 사진 앱으로 옮겨 보겠습니다. [파인더]에서 사진을 선택한 후, [사진 앱]의 빈 공간으로 드래그해 사진을 추가합니다.

 아이폰에서 찍은 사진은 아이클라우드를 통해 맥의 사진 앱 [보관함]에 바로 공유됩니다. 만약 바로 반영되지 않았다면 아이클라우드 기능이 켜져 있는지 확인하세요.

 앱 메뉴에서 [파일 → 가져오기]를 클릭해 사진을 추가할 수도 있습니다.

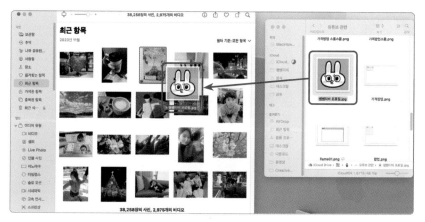

사진 앱에 사진을 추가하면 편집할 수 있습니다. 사진을 더블클릭한 후 화면 오른쪽 위의 [편집] 버튼을 클릭합니다.

선호하는 사진을 따로 표시해 두고 [즐겨찾는 항목]에서 모아 볼 수 있습니다.

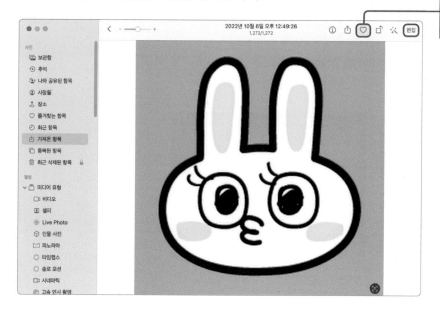

2. 사진 편집하기

편집 창을 열어 이미지를 편집하고 수정할 수 있습니다. 필터로 색감을 조절할 수도 있고 자르기 기능으로 이미지를 원하는 크기로 자를 수도 있습니다.

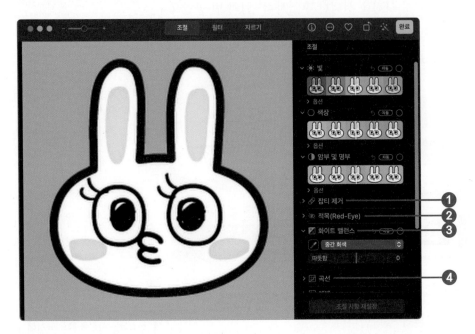

❶ **[잡티 제거]**: 원하는 부분을 깔끔한 톤으로 정리합니다.

❷ **[적목]**: 인물 사진에서 눈동자가 빨갛게 빛나는 현상을 수정할 수 있습니다.

❸ **[화이트 밸런스]**: 사진의 색감을 쉽게 조절할 수 있습니다.

❹ **[곡선]**: 선을 드래그해 사진의 전체적인 밝기를 조절할 수 있습니다.

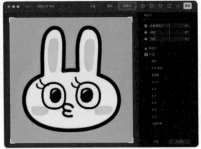

3. 사진 위에서 마우스 오른쪽 버튼을 클릭하면 수정을 취소하고 이미지를 '원본으로 복귀'하거나 '복사'하는 등 추가 기능을 이용할 수 있습니다.

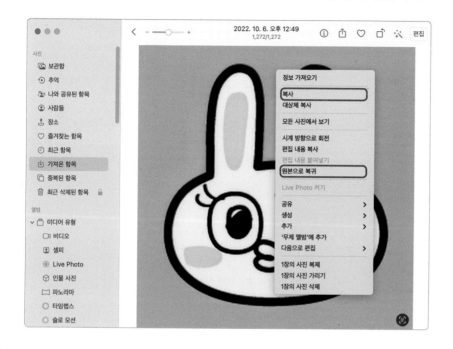

4. 사진 저장하기

사진을 선택한 후 [파일 → 내보내기]를 클릭하면 수정한 파일을 '저장'할 수 있습니다. 기본 설정 그대로 저장하거나 변경할 수 있습니다.

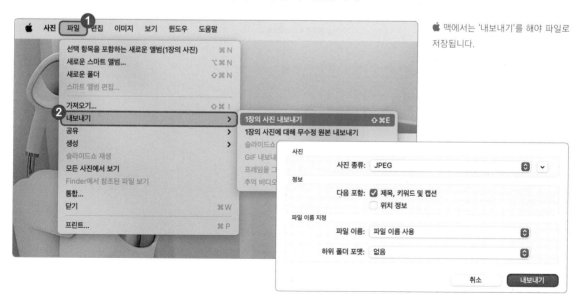

🍎 맥에서는 '내보내기'를 해야 파일로 저장됩니다.

데스크탑 상단 앱 메뉴에서 [사진 → 설정]을 클릭하면 사진 앱의 설정을 원하는 대로
바꿀 수 있습니다.
[일반], [iCloud], [공유 보관함]을 각각 클릭하여 설정을 변경해 보세요.

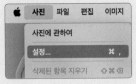

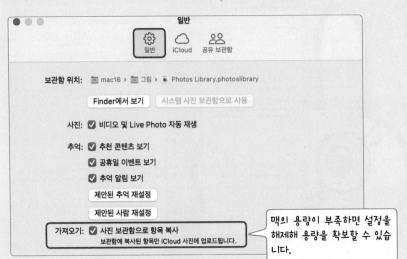

맥의 용량이 부족하면 설정을
해제해 용량을 확보할 수 있습
니다.

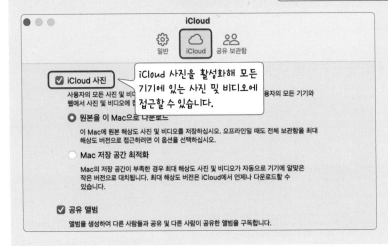

iCloud 사진을 활성화해 모든
기기에 있는 사진 및 비디오에
접근할 수 있습니다.

03-8

다양한 언어 검색, 사전 앱

사전 이해 및 활용
난이도 ★★★

사전

사파리 안에도 간편한 사전 기능이 있고 스팟라이트에서도 기본 검색을 할 수 있지만, 가장 좋은 사전 기능은 바로 '사전' 앱에 있습니다. 방대한 사전을 활용할 수 있기 때문이죠.

기존의 기본 사전 기능은 단순히 한영사전이나 영영사전에 그쳤지만, 사전 앱을 이용해 직접 검색하면 위키백과를 비롯해 영국식, 미국식 등 다양한 사전을 활용할 수 있을 뿐 아니라 러시아어나 네덜란드어, 스페인어 사전도 활용할 수 있습니다. 그리고 단어를 검색했을 때 사전별로 우선순위를 매길 수도 있습니다.

 텍스트 크기 조절: 윈도우 도구 막대에 있는 서체 크기 버튼 가, 가을 클릭하면 됩니다.

사전 앱으로 활용할 수 있는 사전으로는 국어사전, 영한/한영사전, 애플 사전, 위키백과, 중국어(간체), 러시아어, 네덜란드어, 스페인어, 일본어, 영어(영국식), 중국어(간체)-영어, 일본어-영어, 터키어, 미국 영어, 포르투갈어, 옥스퍼드 영어(영국식), 이탈리아어, 스페인어-영어, 태국어, 프랑스어, 독일어, 옥스퍼드 영어(미국식) 등이 있습니다.

 사전 앱을 제대로 활용하려면 반드시 인터넷이 연결돼 있는지 확인하세요.

[알아 두면 좋아요!] 사전별 검색 결과 차이는?

기본 사전 앱으로 검색하면 가장 방대한 자료를 찾아볼 수 있는 반면, 사파리를 비롯한 애플리케이션 내에서 단축키로 불러오는 사전은 결과만 간략하게 보여 줍니다. 스팟라이트 검색 역시 간단한 결과만 보여 줍니다. 단순히 뜻만 알고 싶다면 단축키가 유용하지만, 더 자세한 뜻을 알고 싶다면 사전 앱을 이용하는 것이 좋습니다.

사전 앱으로 직접 검색한 결과

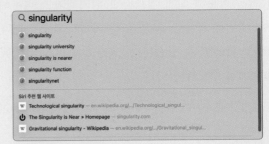

스팟라이트에서 검색한 결과

웹 서핑으로 검색한 결과

메모 앱으로 검색한 결과

사전의 우선순위 정하기

단어를 검색했을 때 결과를 보여 줄 사전을 직접 지정할 수도 있습니다. 데스크탑의 상단 앱 메뉴에서 [사전 → 설정]을 선택해 선호도에 따라 사전의 순서를 바꿔 보세요. 순서를 바꾸면 검색 결과에 바로 반영됩니다.

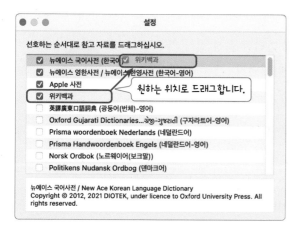

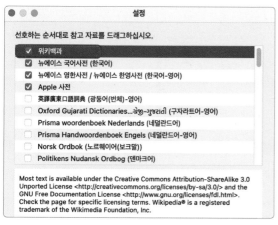

이제부터는 바뀐 사전 순서대로 검색 결과에 반영됩니다.

03-9

나만의 음성 비서, 시리

음성 인식/명령어
난이도 ★★☆

맥의 모든 것을 검색할 수 있는 '스팟라이트'보다 더 편리한 음성 인식 기능인 '시리(Siri)'를 사용해 보세요. '오늘의 날씨'나 '미세먼지', '3분 뒤 알림' 설정 등 다양한 요청을 음성으로 할 수 있어 맥을 더욱 편리하게 사용할 수 있습니다.

시리

1. 시리 활성화하기

시리를 활용하려면 [시스템 설정 ⚙ → Siri 및 Spotlight]에서 [Siri에게 요청하기]를 켭니다.

 [시리 ◉] 아이콘을 누르지 않고 '시리야' 하고 불러도 됩니다.

2. 시리 실행하기

시리를 불러오려면 메뉴 막대 오른쪽에 있는 [시리 ◉]를 클릭합니다. 그러면 목소리를 이용해 다양한 요청을 할 수 있습니다.

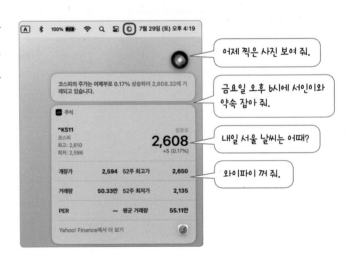

어제 찍은 사진 보여 줘.

금요일 오후 6시에 서인이와 약속 잡아 줘.

내일 서울 날씨는 어때?

와이파이 꺼 줘.

키보드 단축키를 활용하면 시리 역시 더욱 빠르게 실행할 수 있습니다. [시스템 설정]에서 [Siri 및 Spotlight]를 선택한 후 [키보드 단축키] 옆 옵션을 클릭하여 변경해 보세요. 다른 단축키나 사용자화를 이용해 원하는 키로 변경할 수도 있습니다. ["Siri야" 듣기]를 켜면 시리 음성 호출을 할 수 있습니다.

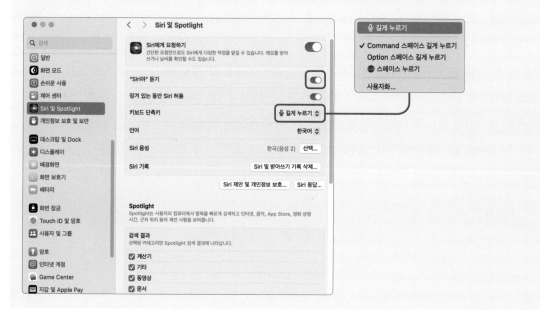

03장까지 잘 따라왔다면 맥 전문가가 될 준비를 마친 거예요! 아이클라우드를 통해 다른 애플 기기와 연결하면 아이폰으로 촬영한 사진과 동영상을 맥에서 바로 불러와 작업할 수 있어서 정말 편리합니다. 집이나 사무실에서 맥으로 하던 작업도 외부에서 아이폰으로 확인할 수도 있으니 아이클라우드 기능은 꼭 사용해 보세요.

트랙패드를 잘 다룰 줄 알면 데스크탑을 여러 개 사용하는 작업을 할 때도 화면 전환을 신속하게 할 수 있어 작업 효율이 올라간답니다. 트랙패드로 하는 미션 컨트롤과 스테이지 매니저 기능까지 꼭 함께 익혀 두고 사용해 보세요! 그리고 다양한 요청을 들어주는 나만의 음성 비서 시리를 통해 모든 것을 요청해 보세요!

나도 맥 정복 가능!

다음 질문에 바로 대답하지 못했다면 03장을 다시 한번 복습한 후에 04장으로 넘어가세요.

1. 아이클라우드로 파일을 관리할 수 있나요? ☑
   ▶ 116쪽을 참고하세요.

2. 트랙패드로 제스처를 자유자재로 사용할 수 있나요? ☐
   ▶ 122쪽을 참고하세요.

3. 스팟라이트에서 원하는 앱을 빠르게 검색할 수 있나요? ☐
   ▶ 127쪽을 참고하세요.

4. 미션 컨트롤로 현재 화면을 깔끔하게 정리할 수 있나요? ☐
   ▶ 131쪽을 참고하세요.

5. 스플릿 뷰로 화면을 둘로 나눠서 표시할 수 있나요? ☐
   ▶ 136쪽을 참고하세요.

네 번째 이야기

직장인을 위한 실무 맥 활용법

이번 장에서는 맥에서 사용할 수 있는 오피스 프로그램인 iWork 프로그램에 대해 알아보겠습니다. 키노트(파워포인트), 넘버스(엑셀), 페이지스(워드). 처음 들어서 생소할 수 있지만 이름만 다를 뿐이에요. 막상 사용해 보면 금방 적응해서 바로 사용할 수 있답니다. 업무에 유용한 듀얼 모니터 연결과 프린터 연결도 함께 알아볼게요.

04-1

맥의 프레젠테이션, 키노트

키노트(Keynote)는 애플이 만든 프레젠테이션 프로그램입니다. 마이크로소프트 오피스 프로그램 중 파워포인트와 비슷하면서도 차별화된 기능이 있는데요. 키노트의 인터페이스는 다른 앱과 마찬가지로 애플의 단순함과 직관적인 면이 잘 반영되어서 간편하면서도 사용하기 쉽습니다.

이번에는 간단한 키노트 하나를 만들어 보고 아이폰을 리모컨으로 활용한 발표 방법을 알아보겠습니다.

키노트

애플의 키노트를 이용해 발표하는 모습

 키노트도 아이클라우드를 이용해 아이폰, 아이패드와 프레젠테이션을 공유할 수 있습니다. 맥에서 만들고 아이패드에서 수정하고 아이폰으로 볼 수도 있는 것이죠. 공유도 간편해져 활용도가 더욱 높아졌을 뿐 아니라 윈도우 PC에서도 아이클라우드 웹 사이트를 이용해 키노트를 바로 볼 수 있습니다.

 스팟라이트 🔍 검색을 통해 '키노트'를 빠르게 실행할 수 있습니다.

 "시리야, 키노트 열어 줘"라고 요청해 보세요.

실습에 앞서 맥에 키노트가 설치되어 있는지 확인하세요. 만약 키노트를 설치해야 한다면 [앱스토어 🅰]에서 키노트를 검색한 후 설치하고 실습을 진행합니다.

앱스토어에서 '키노트' 검색

마이크로소프트에서 제공하는 '마이크로소프트 365'를 사용하면 맥에서도 오피스 프로그램을 사용할 수 있습니다. 윈도우 PC와 동일한 환경으로 사용할 수 있으므로 필요하다면 '마이크로소프트 365'를 구독하고 사용해 보세요. 물론 비용은 지불해야 합니다.

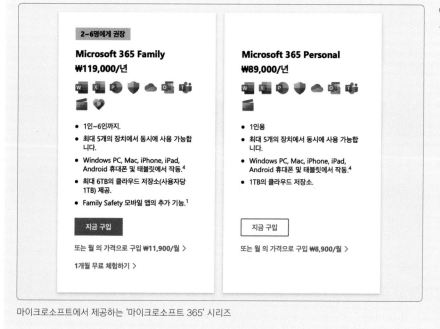

 웹용 '마이크로소프트 365'는 무료로 사용할 수 있습니다.

마이크로소프트에서 제공하는 '마이크로소프트 365' 시리즈

하면 된다! ⟩ 키노트 인터페이스에 적응하기

우선 키노트의 인터페이스를 살펴보고 어떤 특징이 있는지 알아보겠습니다.

1. 테마 선택하기

키노트를 실행한 후 팝업 윈도우에서 [새로운 문서] 버튼을 클릭합니다. 프레젠테이션을 생성하기 위한 첫 단계로 '테마 선택' 화면이 나옵니다. 이 때 화면 오른쪽 상단에서 화면 비율을 정할 수 있습니다. 우선 테마 중에서 [다이내믹 클라우드 라이트] 테마를 고른 후 [생성] 버튼을 클릭합니다.

 이후 새 문서를 열고 싶다면 앱 메뉴의 [파일 → 신규…]를 클릭하세요.

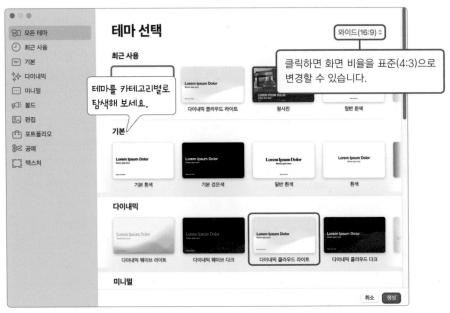

프레젠테이션 테마 선택 윈도우

2. 메뉴 구경하기

키노트의 윈도우 구성은 깔끔합니다. 왼쪽에는 슬라이드의 축소판을 볼
수 있는 내비게이터 영역이 있고, 오른쪽에는 포맷, 애니메이션, 문서 속
성을 표시하는 사이드바가 있습니다. 상단에 있는 도구 버튼을 하나씩 클
릭하며 기능을 확인해 보세요!

[알아 두면 좋아요!] 자동으로 저장되는 키노트! 그래도 저장해야 하는 이유는?

키노트는 작업 중인 내용을 자동으로 저장하므로 수동으로 저장할 필요는 없습니다. 하지만 파일을 찾기 쉽도록 프레
젠테이션의 이름을 미리 변경해 두는 것이 좋습니다.

[파일 → 저장]을 클릭하고 이름을 입력한 후 위치를 선택하고 [저장]을 클릭합니다.

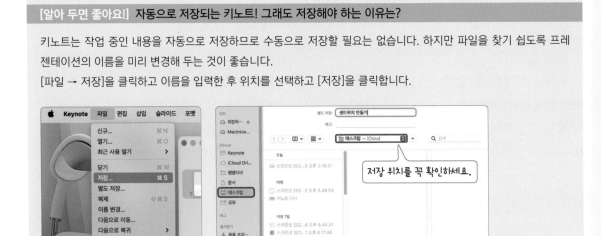

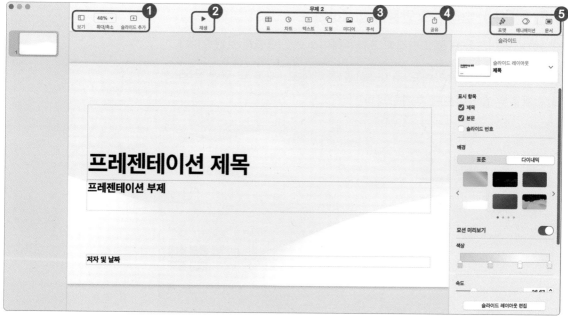

기본적인 키노트의 편집 인터페이스

❶ [보기 ▣]: 편집 화면 레이아웃을 변경하거나 한눈에 볼 수 있으며, 눈금자나 주석을
볼 수도, 가릴 수도 있습니다.

　[확대/축소 48%∨]: 슬라이드의 확대 비율을 조절할 수 있습니다.

　[슬라이드 추가 ⊞]: 새로운 슬라이드를 추가하는 기능입니다.

❷ [재생 ▶]: 현재까지 편집된 슬라이드를 프레젠테이션으로 실행할 수 있습니다.

❸ [표 ▦]: 여러 가지 표 형식을 삽입할 수 있습니다.

　[차트 ◉]: 2D나 3D, 대화식의 차트를 추가하고 편집할 수 있습니다.

　[텍스트 ▣]: 슬라이드에 텍스트를 추가하고 편집할 수 있습니다.

　[도형 ⬡]: 선이나 화살표, 원과 같은 도형을 추가할 수 있습니다.

　[미디어 ▣]: 사진, 음악, 동영상을 슬라이드에 추가할 수 있습니다.

　[주석 ▣]: 주석을 삽입할 수 있습니다.

❹ [공유 ⬆]: 프레젠테이션을 공유하거나 여러 명이 하나의 키노트를 공동으로 작업할
수 있습니다.

❺ [포맷 ✏]: 스타일과 서식을 수정하거나 편집할 수 있습니다.

　[애니메이션 ◈]: 동작을 추가하거나 편집할 수 있습니다.

　[문서 ▣]: 슬라이드쇼의 설정값, 프레젠테이션의 유형과 크기, 암호 등을 설정할 수
있습니다.

하면 된다! ⑤ 슬라이드 만들어 재생하기

간단한 슬라이드를 만들고 편집해 프레젠테이션으로 실행해 보겠습니다.

1. 도구 막대에서 [슬라이드 추가 ⊞]를 클릭하고 [제목 및 구분점]을 선택해 새로운 슬라이드를 추가합니다.

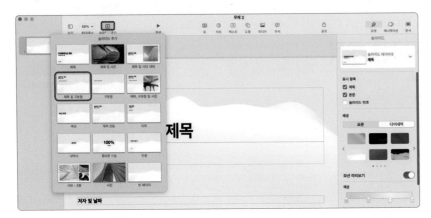

🍎 마지막으로 만든 슬라이드 형식을 바로 불러오려면 option + ⊞ 를 누르세요.

2. [슬라이드 추가 ⊞]를 두 번 더 클릭하여 3개의 슬라이드를 만든 후, 첫 번째 슬라이드의 제목을 변경합니다.

더블클릭하면 제목을 입력할 수 있어요.

3. 부제를 입력합니다.

4. 제목을 선택한 후, 오른쪽 상단의 [포맷]을 클릭하고 [텍스트] 메뉴에
서 서체 크기를 키웁니다.

🍎 맞춤법 검사하기: [command ⌘] + [;]
를 누르면 맞춤법에 틀린 단어가 표시
되며, 틀린 위치로 이동합니다. 그뿐만
아니라 앱 메뉴의 [편집 → 맞춤법 및
문법]에 다양한 기능이 있으니 활용해
보세요.

5. 글자에 애니메이션 효과 넣기

두 번째 슬라이드를 선택한 후, 다음처럼 입력합니다.

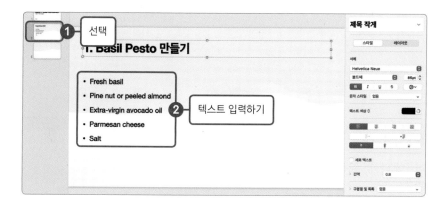

6. 먼저 입력한 텍스트를 선택합니다. 그런 다음 [애니메이션 → 동작 → 효
과 추가]를 클릭하고 [뒤집기]를 선택합니다.

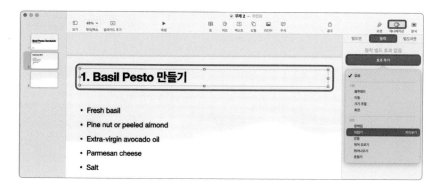

7. [변경]을 클릭하고 다른 효과들을 눌러 보면서 원하는 효과로 바꿔 보세요.

8. 재생 방법 설정하기

재생 방법을 설정하기 위해 [문서]를 클릭 후, [열릴 때 자동으로 재생]을 클릭합니다. 이제 프레젠테이션을 재생 ▶ 하면 동작이 자동으로 실행됩니다.

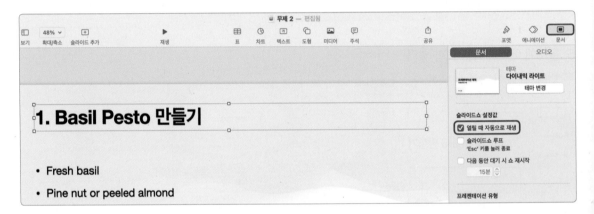

9. 이번엔 [미디어 → 사진 또는 비디오]를 클릭하고 이미지를 추가합니다. 이미지를 선택한 상태에서 [애니메이션 → 효과 추가]를 클릭하고 [불투명도]를 선택합니다.

10. 화면 상단의 도구 막대에서 [재생 ▶]을 클릭하면 프레젠테이션이 재생됩니다. 슬라이드를 넘기려면 키보드 방향키의 ▶나 return을 누르면 됩니다. 프레젠테이션을 종료하려면 Esc를 누르세요.

 파워포인트 파일(.pptx)로 저장하기: 앱 메뉴에서 [파일 → 다음으로 내보내기 → PowerPoint]를 선택합니다.

하면 된다! } 그룹 설정으로 도형 조절하기

프리젠테이션을 만들다 보면 여러 가지 도형을 그리는 경우가 있는데, 이때에는 그룹 지정을 이용해 도형들을 한 번에 조절하면 편리합니다.

1. 앞에서 만들어 둔 세 번째 슬라이드를 선택하고 도구 막대에서 [도형]을 클릭한 후, 슬라이드 위에 두 개의 도형을 만들어주세요.

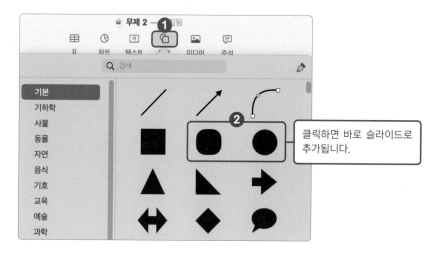

2. 마우스로 드래그해 도형을 모두 선택한 후, 데스크탑 상단 키노트 앱
메뉴에서 [정렬 → 그룹화]를 선택합니다.

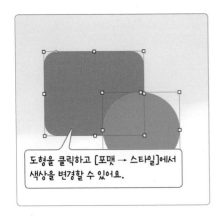

🍎 도형을 드래그해 모두 선택하고 오른쪽 사이드바 메뉴에서 [정렬]을 클릭하면 다양한 설정이 나타납니다.

도형을 클릭하고 [포맷 → 스타일]에서 색상을 변경할 수 있어요.

3. 두 도형이 하나의 그룹이 됐습니다. 이제 모서리를 드래그하면 두 도형
이 함께 조절됩니다.

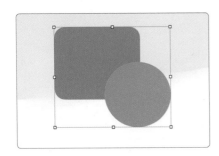

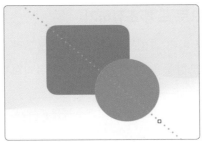

4. 그룹을 해제하고 싶을 때는 키노트 앱 메뉴에서 [정렬 → 그룹화 해제]
를 선택합니다. 그러면 두 도형을 모두 선택하고 크기를 조절하더라도 한
개의 도형 크기만 조절됩니다. 두 도형을 각각 따로 움직여 보세요.

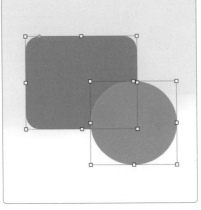

하면 된다! ﹜ 키노트로 발표할 때 아이폰 활용하기

보통 프레젠테이션을 할 때는 노트북을 앞에 두고 화면을 넘기면서 발표하거나 별도의 리모컨을 사용하는데, 키노트는 아이폰이나 아이패드를 리모컨으로 사용해 자유롭게 움직이면서 발표하고 슬라이드를 넘길 수 있습니다. 여기에서는 아이폰을 리모컨으로 활용해 프레젠테이션을 해보겠습니다.

애플워치도 리모컨으로 사용할 수 있습니다.

1. 맥과 아이폰을 같은 와이파이에 연결한 후 키노트 앱을 실행합니다.

2. 맥의 키노트 앱 메뉴에서 [Keynote → 설정 → 리모컨]을 클릭한 후 [활성화]에 체크합니다

3. 아이폰에서 키노트 앱을 실행한 후 도구 막대의 [키노트 리모컨 🔲] 버튼을 탭합니다.

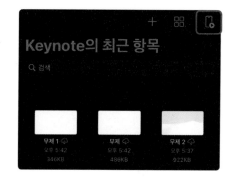

4. 아이폰을 리모컨으로 사용하기 위해 [계속]을 탭하면 맥에 아이폰이 나타납니다.

5. 맥에 아이폰이 나타나면 [링크]를 클릭하세요.

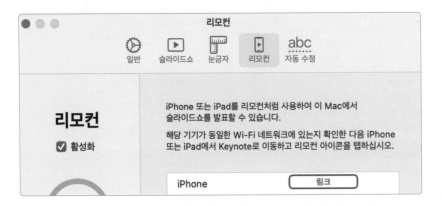

6. 정확한 연결을 위해 4자리 암호가 두 기기에 표시됩니다. 일치하는지 확인한 후 맥에서 [확인]을 클릭합니다.

맥 화면에 암호가 표시됩니다.

아이폰에도 같은 암호가 표시됩니다.

7. 아이폰과 맥이 연결되면 아이폰에서 [재생]을 탭하세요. 이제 맥의 프레젠테이션을 아이폰에서도 볼 수 있습니다. 슬라이드를 이동하려면 오른쪽 또는 왼쪽으로 쓸어 넘깁니다.

아이폰에서 실행된 모습

8. 아이폰 화면 상단의 [하이라이터 ] 버튼을 탭하면, 여러 가지 형광펜으로 슬라이드에 강조 표시를 하거나 가리킬 수 있습니다.

아이폰 화면에 형광펜으로 표시해 보세요.

아이폰에 표시한 대로 맥의 키노트에도 동일하게 나타납니다.

9. 하이라이터 메뉴에서 [레이저]를 선택한 후 원하는 곳에 탭하여 표시해 보세요. 맥에서도 동일한 곳에 레이저 포인터가 나타납니다.

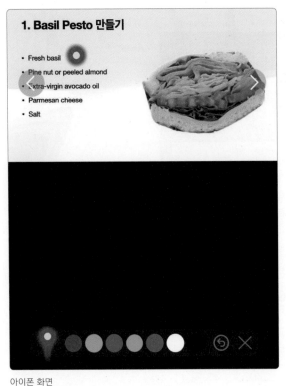

아이폰 화면   맥 화면

10. 아이폰에서 키노트를 조작하기 위한 화면 구성을 변경할 수 있습니다. 아이폰으로 다음 슬라이드를 미리 볼 수 있어 편리하고, 발표할 때 참고할 수 있는 메모도 입력해서 볼 수 있습니다. [하이라이터] 메뉴에서 [닫기]를 탭하여 메인 화면으로 나온 후, [레이아웃]을 탭합니다. 목록에서 [다음]을 탭하면 아이폰 화면에는 다음에 나타날 슬라이드가 미리 나타납니다.

 프레젠테이션을 종료하려면 [닫기] 버튼을 탭하거나 손가락 두 개로 쓸어내리면 됩니다.

 프레젠테이션을 시작하기 전에 기기들은 모두 [제어 센터 → 집중 모드 → 방해 금지 모드]로 설정해 두세요!

아이폰으로 프레젠테이션을 간단히 조종할 수 있습니다.

애플의 키노트, 넘버스, 페이지스 파일은 대체로 맥에서만 사용할 수 있습니다. 만약 Microsoft 365 프로그램을 사용하는 사람과 공유하려면 파일을 저장할 때 반드시 PowerPoint, Excel, Word로 내보내기를 해야 합니다. 공유하기 전에 파일 형식이 pptx, doxc, xlsx 파일인지 꼭 확인하세요. [파일 → 다음으로 내보내기]를 클릭한 다음 PowerPoint, Excel 혹은 Word를 선택하여 저장하면 됩니다.

04-2
맥의 엑셀, 넘버스

수식 활용, 넘버스 앱
난이도 ★★☆

윈도우에 엑셀이 있다면 맥에는 넘버스(Numbers)가 있습니다. 넘버스를 활용하면 전문가다운 스프레드시트를 손쉽게 만들 수 있는데요. 넘버스에서 제공하는 여러 가지 템플릿 중에 원하는 템플릿을 선택하고 내용을 간단히 수정하면 멋진 스프레드시트가 금방 만들어집니다. 넘버스 시작 화면에서 다양한 템플릿을 탐색해 보세요!

넘버스

넘버스 인터페이스 구경하기

넘버스를 실행하고 팝업 윈도우에서 [새로운 문서] 버튼을 클릭합니다. 여기서는 간단한 차트를 만들어 보면서 넘버스의 기본 기능을 익혀 보겠습니다. 먼저 템플릿 선택 화면에서 [차트 사용법] 템플릿을 선택한 후 [생성]을 클릭합니다.

 넘버스를 시작할 때 템플릿 선택 화면 대신 특정 템플릿이 열리도록 설정을 바꿀 수도 있습니다. 넘버스 앱 메뉴에서 [Numbers → 설정]을 클릭하고 [일반]에서 새로운 스프레드시트를 [템플릿 사용]으로 변경하면 됩니다.

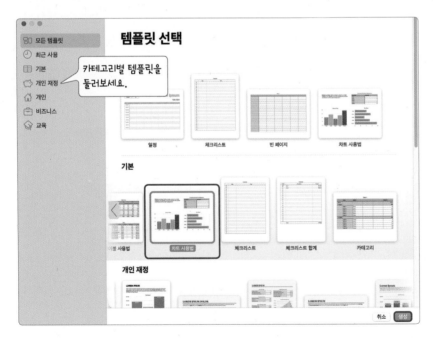

넘버스의 윈도우를 살펴보겠습니다.

아이콘 아래 텍스트 표시가 없다면 도구 막대에서 마우스 오른쪽 버튼을 누른 후 [아이콘 및 텍스트]를 선택합니다.

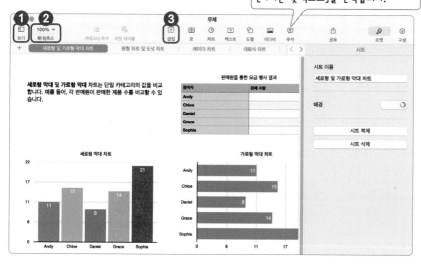

❶ **[보기]**: 눈금자나 주석을 나타내거나 가릴 수 있습니다.

❷ **[확대/축소]**: 넘버스의 작업 화면 크기를 조절할 수 있습니다.

❸ **[삽입]**: 공식(함수)을 간단히 삽입할 수 있습니다. 합계부터 곱셈까지 모두 선택할 수 있습니다.

 나머지 메뉴는 키노트와 같습니다. 04-1절의 '2. 메뉴 구성하기'를 참고하세요.

시트 제목 탭 위에 포인터를 위치한 후 [옵션 ⌄]을 클릭하면 시트의 이름을 바꾸거나 시트 전체를 복사하고 잘라 낼 수 있으며, 삭제도 할 수 있습니다.

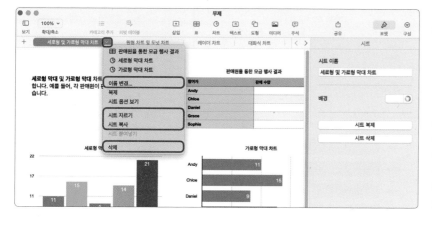

 넘버스에서 엑셀 파일 열기:

❶ 엑셀 파일을 넘버스 로 드래그합니다.

❷ 넘버스 앱 메뉴에서 [파일 → 열기]를 클릭한 뒤 엑셀 파일을 선택합니다.

❸ 엑셀 파일을 더블클릭하면 자동으로 넘버스 앱으로 열립니다.

 엑셀 파일은 넘버스 앱으로 바로 열 수 있지만, 넘버스 파일을 엑셀 프로그램으로 바로 열 수 없습니다. 반드시 엑셀 파일(.xlxs)로 내보내기를 한 후 공유해 주세요. 183쪽 [알아 두면 좋아요!]를 참고하세요

도구 막대의 텍스트나 표, 차트를 선택하면 화면 오른쪽 사이드바에 포맷을 설정하는 화면이 각각 나타납니다. 직접 따라 하면서 익혀 보세요.

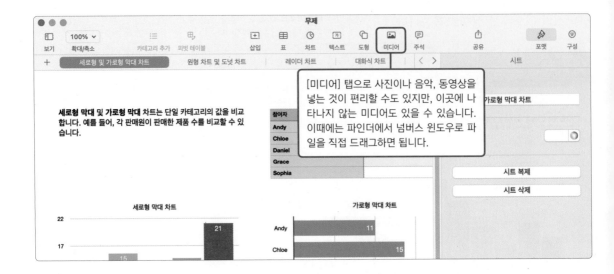

[미디어] 탭으로 사진이나 음악, 동영상을 넣는 것이 편리할 수도 있지만, 이곳에 나타나지 않는 미디어도 있을 수 있습니다. 이때에는 파인더에서 넘버스 윈도우로 파일을 직접 드래그하면 됩니다.

하면 된다! } 넘버스에서 표와 차트 수정하기

1. 표 수정하기

표를 선택하면 화면 오른쪽 사이드바에서 표의 설정을 세부적으로 바꿀 수 있습니다.

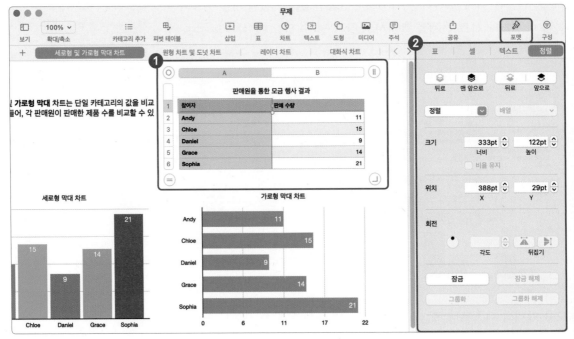

각종 아이템을 선택해 설정을 바꿀 수 있습니다.

2. 표에 간단히 행과 열을 추가하거나 삭제하려면 표 양 옆의 🔟과 🔳을 클릭한 상태에서 상하 또는 좌우로 드래그하세요.

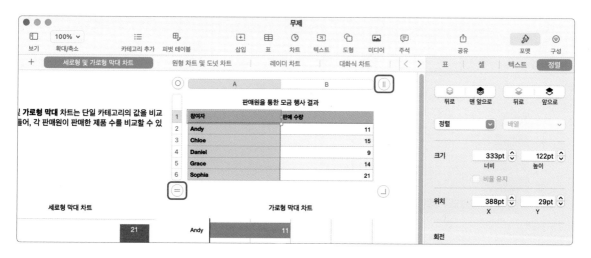

도구 막대 오른쪽의 [구성 ⊚] 아이콘을 클릭한 후, [정렬 → 열 추가]를 클릭하여 원하는 항목을 지정하면, 표를 오름차순이나 내림차순으로 정렬할 수 있습니다.

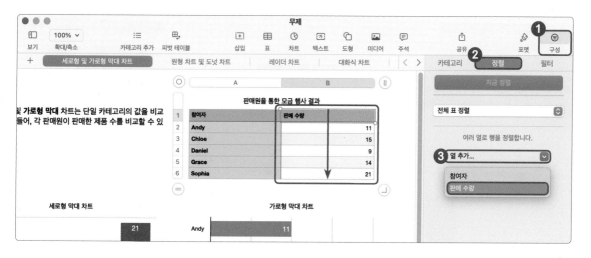

3. 차트 수정하기

차트와 연결된 표의 숫자를 바꾸기만 해도 차트가 자동으로 변경됩니다.

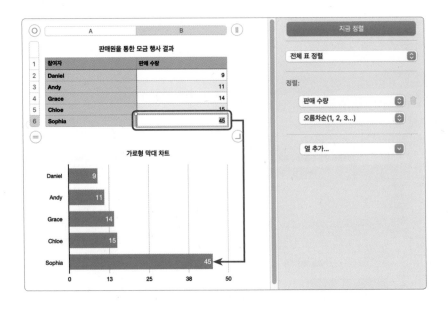

4. 차트를 수정하는 방법도 표와 동일합니다. [포맷 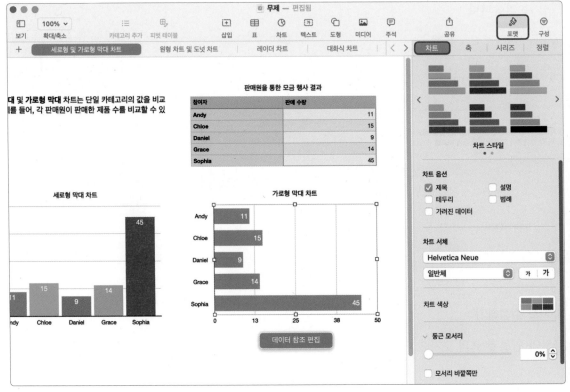 → 차트]를 선택하면 사이드바에 설정 항목이 나타납니다.

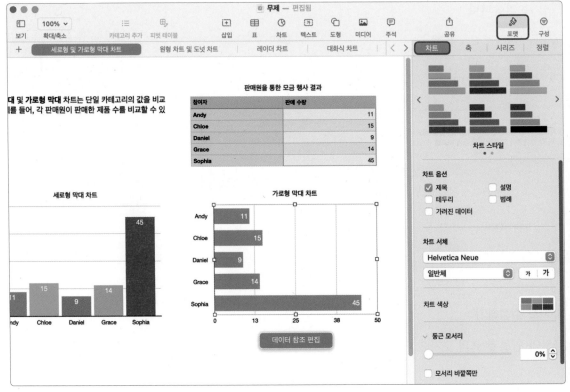

색상 조절뿐 아니라 제목이나 범례, 가려진 데이터 등을 모두 보이게 또는 보이지 않게 할 수도 있습니다.

5. 차트에서 마우스 오른쪽 버튼을 클릭하면 데이터를 편집하거나 정렬과 배열을 바꿀 수 있습니다.

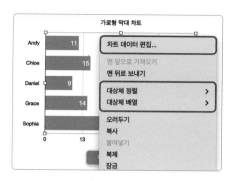

6. 차트의 색을 한 번에 바꾸기 위해 [포맷 ◈ → 차트] 항목에 있는 녹색 스타일을 선택합니다. 그러면 전체 스타일이 한 번에 바뀝니다.

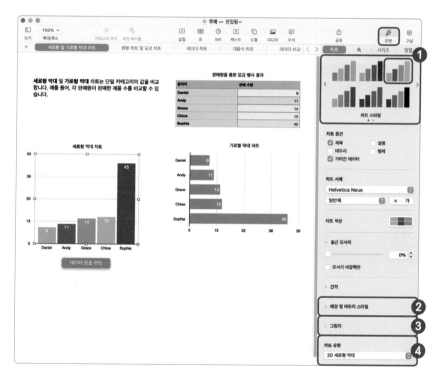

❶ **차트 스타일**: 원하는 스타일을 선택합니다. 색을 한 칸씩 바꿀 필요 없이 간단히 바꿀 수 있습니다.

❷ **배경 및 테두리 스타일**: [색상 채우기]를 클릭한 후 원하는 색을 선택할 수 있습니다.

❸ **그림자**: 그림자를 삽입하고 각도와 그림자의 정도를 조절할 수 있습니다.

❹ **차트 유형**: 원형 차트에서 분산형까지 20개 이상의 차트 중에서 선택할 수 있습니다.

7. 그림자 효과를 주기 위해 차트를 선택한 후 [그림자 → 그룹화됨]을 선택합니다.

8. 그림자 속성을 변경하면 원하는 효과를 줄 수 있습니다.

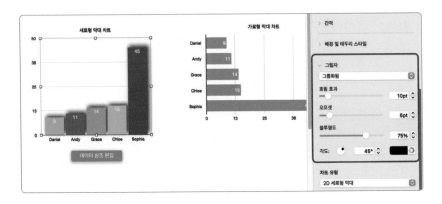

9. 2D로 된 차트를 3D로 바꿀 수도 있습니다. 사이드바 메뉴에서 [차트 유형]을 클릭한 후, [3D 세로형 막대]를 선택하세요. 마우스로 차트 가운데 부분의 [회전] 탭을 누른 후 드래그하면 원하는 각도로 변경할 수 있습니다.

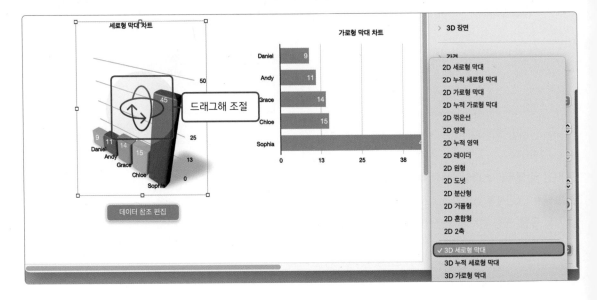

10. 다른 형식의 차트를 보려면 상단에서 탭을 선택하면 됩니다. 상단 탭 중 [레이더 차트]를 클릭하세요. 화면이 선택한 시트로 바뀌면서 바로 편집할 수 있습니다.

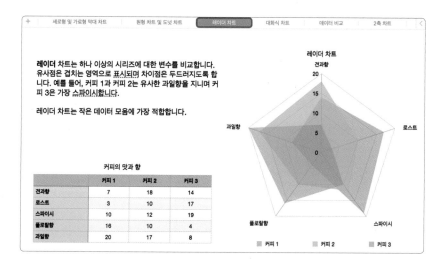

[알아 두면 좋아요!] 엑셀과 넘버스의 호환성

엑셀 파일(.xlsx)은 넘버스에서 바로 열 수 있지만, 넘버스 파일(.num)은 윈도우의 엑셀 프로그램에서 열리지 않습니다. 만약 열고 싶다면 넘버스에서 .xlsx 파일로 저장해야 합니다.

화면 상단 메뉴의 [파일 → 다음으로 내보내기]를 선택하면 PDF 파일부터, 엑셀, 이전 넘버스 버전 등으로 저장할 수 있습니다.

물론 이렇게 저장하면 종종 표나 차트의 스타일 등이 깨져 보일 수 있습니다. 중요한 파일이라면 윈도우 PC에서 직접 실행해 제대로 보이는지 꼭 확인하세요!

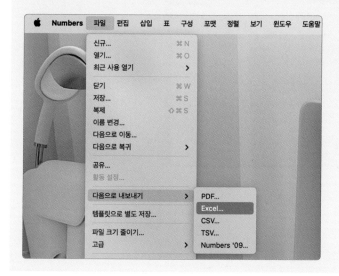

04-3

맥의 워드 프로세서, 페이지스

문서 편집, 페이지스 앱
난이도 ★★★

문서를 편집하고 깔끔하게 정리하려면 문서 편집기가 필요합니다. 이러한 워드 프로세서 프로그램으로는 한글과컴퓨터의 '한글', 마이크로소프트의 '워드'가 있습니다. 그리고 맥에는 애플이 자체적으로 만든 페이지스(Pages)라는 프로그램이 있습니다.

페이지스의 인터페이스 역시 앞에서 살펴본 키노트, 넘버스와 거의 동일하게 심플하기 때문에 누구나 쉽게 사용할 수 있습니다. 여기에서는 페이지스에서 제공하는 템플릿을 활용하여 간단한 파티 초대장을 만들어 보겠습니다.

페이지스

 스팟라이트 와 'Siri'를 통해 페이지스를 빠르게 열 수 있습니다.

페이지스의 인터페이스 살펴보기

페이지스를 실행하고 팝업 윈도우에서 [새로운 문서] 버튼을 클릭하면 첫 화면에 각종 템플릿이 나타납니다. [문구류] 탭을 클릭하고, [파티 초대장] 템플릿을 선택한 후 [생성]을 클릭합니다.

 페이지스 앱 상단의 메뉴에서 [파일 → 신규]를 클릭해도 됩니다.

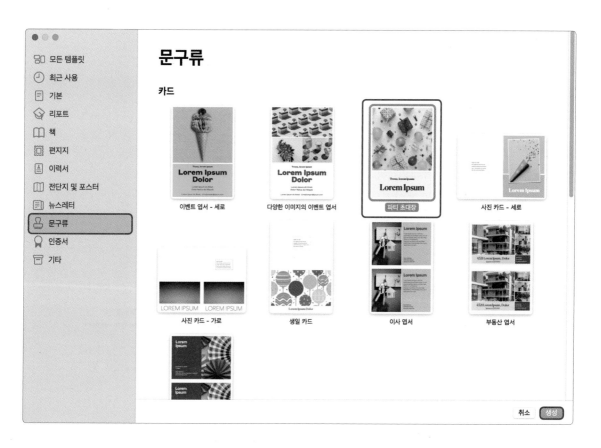

페이지스 앱의 인터페이스는 앞에서 소개한 키노트, 넘버스와 같습니다.

🍎 상단의 도구 아이콘에 대한 설명은 04-1절을 참고하세요.

키노트, 넘버스, 페이지스의 인터페이스는 모두 동일합니다.

하면 된다! ⟩ 페이지스로 텍스트 수정하기

페이지스는 넘버스, 키노트와 마찬가지로 인터페이스가 심플하고 직관적이어서 문서를 편집하고 수정하기가 어렵지 않습니다. 앞에서 생성해 둔 파티 초대장 템플릿으로 텍스트를 수정하는 방법을 알아보겠습니다.

1. 제목 서식 수정하기

제목을 선택한 후, [포맷] 아래의 [텍스트] 메뉴를 이용해 정렬과 배치, 색상 등을 수정해 보겠습니다. 페이지의 크기 및 방향, 여백 등 페이지의 전체 속성을 바꾸고 싶을 때는 [문서]를 클릭하면 됩니다.

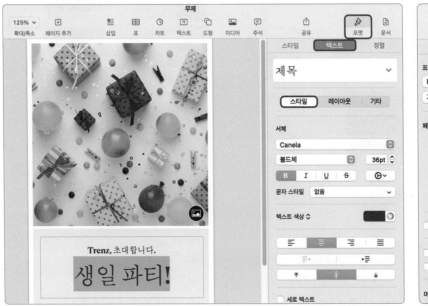 

2. 사진 수정하기

사진을 선택한 후 마우스 오른쪽 버튼을 클릭하면 사진의 정렬이나 배열 등을 바꿀 수 있습니다.

3. 본문 텍스트 수정하기

템플릿을 선택해 문서를 작성할 때는 샘플로 들어 있는 텍스트 상자를 선택한 후 바로 글자를 입력하면 기존의 글이 한 번에 지워지고 새 글이 입력됩니다.

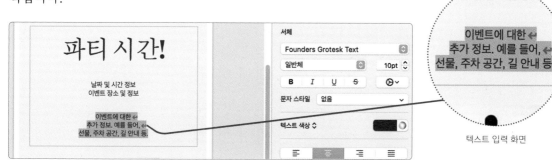

텍스트 입력 화면

오른쪽 영역의 [스타일]에서 원하는 디자인을 선택하면 배경과 글자색을 쉽게 변경할 수 있습니다.

❶ [테두리]: 텍스트 상자의 주변에 테두리를 적용하고 굵기나 색상 등을 변경할 수 있습니다.

❷ [그림자]: 텍스트 상자에 그림자를 적용할 수 있습니다.

❸ [반사]: 반사의 깊이를 조절하면 반사된 모습을 더 진하게 적용할 수 있습니다.

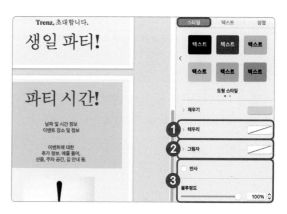

[테두리]를 클릭하고 원하는 모양의 테두리를 선택합니다.

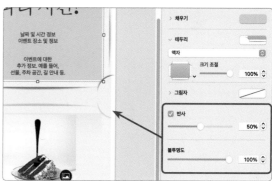

[반사]를 선택하면 가장자리에 반사된 테두리 모양이 만들어집니다.

4. 날짜 서식 변경하기

문서의 날짜 역시 해당 영역을 클릭하면 바로 수정할 수 있습니다. 날짜를 선택하면 표시 유형을 변경하거나 적용할 수 있습니다. 또한 오늘로 설정할 수도 있습니다.

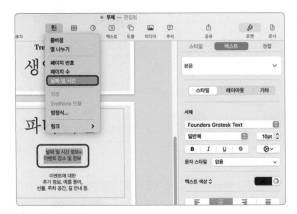
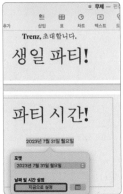

5. 문서 작업을 끝낸 후에는 페이지스 앱 메뉴에서 [파일 → 다음으로 내보내기]를 클릭해 여러 가지 유형으로 저장하고 공유할 수 있습니다.

04-4

문서 작업을 다채롭게, 폰트 설치

폰트 설치 및 사용
난이도 ★★☆

문서 작성을 하다 보면 여러 가지 폰트가 필요할 때가 있습니다. 맥에서도 원하는 폰트를 설치해서 사용할 수 있는데요. 먼저 폰트를 다운로드할 수 있는 사이트를 알아보겠습니다. 무료 폰트도 있고 유료 폰트도 있는데, 인터넷에서 다운로드한 폰트를 쓸 때는 항상 저작권에 유의해야 합니다.

무료 폰트 추천 사이트

사파리 스마트 검색 필드에 '눈누'라고 입력해 보세요!

눈누(https://noonnu.cc)

 스팟라이트에 '눈누'라고 검색해도 해당 웹 사이트로 빠르게 이동할 수 있어요.

 스팟라이트 단축키:

command ⌘ + Spacebar

유료 폰트 사이트

산돌

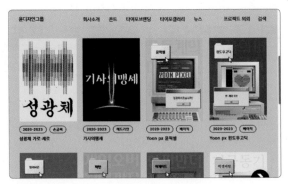

윤디자인

하면 된다! } 폰트 다운로드해 설치하기

눈누 사이트(https://noonnu.cc)에서 무료 폰트를 다운로드하고 설치해
보겠습니다.

1. 눈누에서 '평창평화체'를 검색합니다.

2. [다운로드 페이지로 이동] 버튼을 클릭하고 폰트 파일을 다운로드합니
다. 맥(Mac)용 폰트를 다운로드하면 됩니다.

3. 다운로드한 폰트는 다운로드 폴더에 저장됩니다. 이제 런치패드의 [기타] 폴더 안에 [서체 관리자] 앱을 실행합니다.

 스팟라이트에서 '서체 관리자'를 검색해도 됩니다!

독의 다운로드 폴더는 휴지통 왼쪽에 있습니다.

독의 다운로드 폴더   런치패드

4. 다운로드한 폰트를 [서체 관리자] 폴더 안으로 드래그해 주기만 하면 됩니다.

서체 관리자 앱   다운로드 폴더

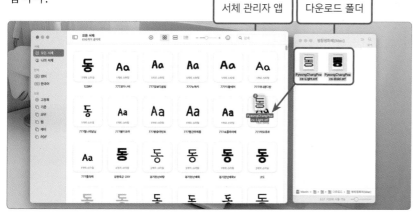

 다운로드한 폰트를 더블클릭하고 [설치] 버튼을 클릭하면 바로 설치할 수 있습니다.

5. 문서 프로그램을 열어서 설치한 폰트가 잘 적용되었는지 확인해 보겠습니다. 여기서는 페이지스를 열어 보겠습니다. 페이지스 문서에서 글자가 입력된 부분을 선택한 뒤 서체에서 평창평화체를 찾아서 적용하면 됩니다.

04-5

외장 디스플레이 연결하기(듀얼 모니터)

작업 효율, 듀얼 모니터 설정
난이도 ★★★

여러 작업을 동시에 실행하거나 여러 화면을 열어 놓고 작업해야 한다면 별도의 외장 디스플레이를 연결해 듀얼 모니터를 사용하는 것이 편리합니다. 맥북 프로를 사용하고 있다면 바로 HDMI 케이블을 연결할 수 있고, 맥북 에어를 사용하고 있다면 별도의 멀티허브를 사용해 연결할 수 있습니다. 또한 모니터에 따라 USB type-C 단자가 있으면 type-C 케이블로 맥북 에 바로 연결할 수 있습니다.

 다음 세 가지를 먼저 확인하세요!
- 맥의 비디오 포트 유형
- 맥에서 지원하는 디스플레이 수
- 맞는 케이블이 있는지 여부

하면 된다! ⟩ 듀얼 모니터 설정하기

1. 외장 디스플레이를 연결한 뒤 [시스템 설정 → 디스플레이]를 클릭하면 다음 그림처럼 2개의 디스플레이가 나타납니다. 하나는 '내장 디스플레이', 다른 하나는 '외장 디스플레이'입니다.

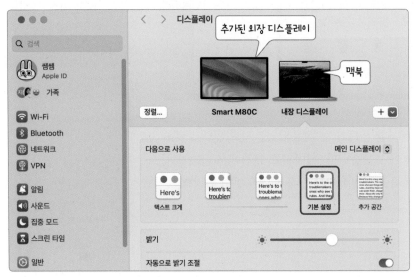

 아이패드를 디스플레이로 추가할 수도 있습니다.

[다음으로 사용]에서 [기본 설정]을 클릭하면 모니터에 맞게 화면이 최적화됩니다.

2. 외장 디스플레이와 맥을 연결하면 디스플레이 미러링으로 같은 화면을 2개의 화면에서 함께 볼 수 있고, 2개의 확장된 화면으로 서로 다른 화면을 볼 수도 있습니다.

❶ 외장 디스플레이를 선택하고 ❷ [다음으로 사용]에서 [내장 디스플레이 미러링]을 선택하면 맥북에서 노출되는 화면을 연결한 모니터에서 미러링해 볼 수 있습니다. ❸ [정렬]을 클릭한 후 모니터를 선택해 원하는 위치로 이동할 수 있습니다.

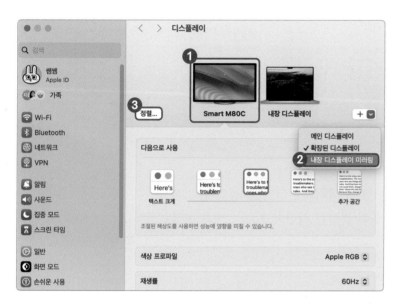

3. 해당 디스플레이를 마우스로 클릭하고 있으면 다음 그림처럼 빨간색으로 구분됩니다. 이때 디스플레이를 드래그하면 위치를 조정할 수 있어요.

 위치는 상하좌우 어디로든 가능합니다. 만일 왼쪽에는 맥북 화면, 오른쪽에는 외장 디스플레이를 배치하면 마우스는 맥 화면의 오른쪽에서 외장 디스플레이의 왼쪽으로 자연스럽게 이동할 수 있습니다.

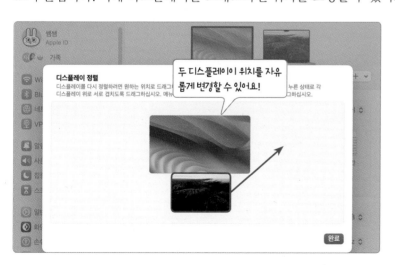

4. 외장 디스플레이를 선택한 뒤 디스플레이의 화면을 회전하거나 해상도를 조절하는 등 최적의 상태로 변경할 수 있습니다.

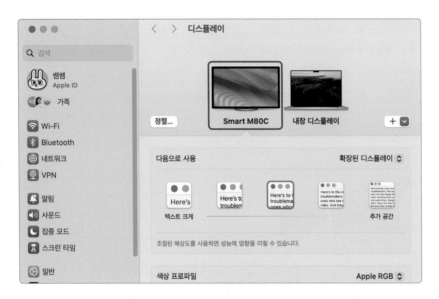

5. 이번에는 내장 디스플레이를 선택한 뒤 텍스트를 크게 할 것인지, 기본값으로 할 것인지, 글자를 더 작게 줄일 것인지 자신이 원하는 대로 설정할 수 있습니다.

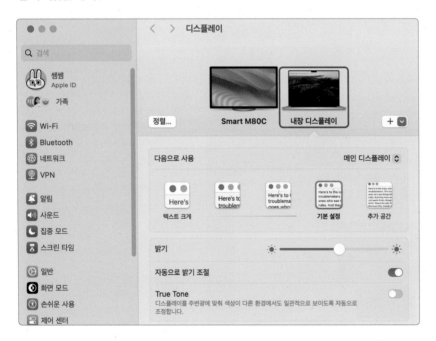

04-6

무선 프린터 연결하고 설정하기

맥에 프린터를 연결하는 방법은 다양합니다. 에어프린트(AirPrint)를 지원하는 프린터라면 맥과 같은 와이파이(Wi-Fi)에 연결되어 있기만 하면 별도의 설치 과정 없이 손쉽게 사용할 수 있습니다.

유선 프린터는 맥과 케이블로 연결한 다음 웹 사이트에서 설치 드라이버를 다운로드한 후, [시스템 설정 → 프린터 및 스캐너]를 클릭하여 설치할 수 있습니다.

여기서는 와이파이를 이용한 무선 프린터를 연결하고 설정하는 방법을 알아보겠습니다.

프린터 및 스캐너

하면 된다! } 무선 프린터 연결하고 설정하기

1. 프린터의 전원을 켠 뒤, 맥에서 [시스템 설정 → 프린터 및 스캐너]를 클릭하고 오른쪽 창에서 [프린터, 스캐너 또는 팩스 추가...]를 클릭합니다.

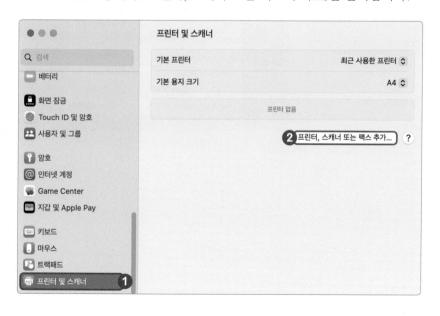

2. 연결할 수 있는 프린터가 나타나면 선택한 후 [추가]를 클릭합니다.

3. 모든 설치가 끝나면 사용할 수 있는 프린터의 연결 상태가 나타납니다. 프린터를 클릭하고 [옵션 및 소모품]을 클릭하면 남은 잉크의 잔량도 확인할 수 있습니다.

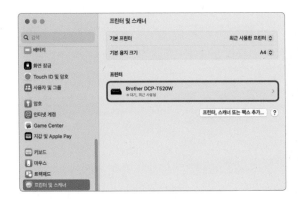
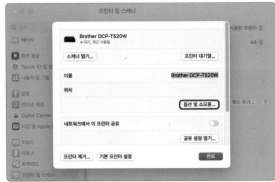

4. 프린터가 잘 연결되었는지 문서 프로그램을 열어 직접 프린트해 보겠습니다. 키노트 파일을 실행하고 상단의 [파일] 메뉴에서 [프린트]를 클릭해 주세요. command ⌘ + P 를 눌러도 인쇄 화면이 나옵니다.

 키노트 파일을 더블클릭하면 바로 열립니다.

 모든 문서에서의 프린트 단축키:
command ⌘ + P

5. 연결된 프린터를 확인하고 설정을 확인한 뒤, [프린트] 버튼을 클릭하면 인쇄가 됩니다.

 [슬라이드 레이아웃]과 [옵션]에서 항목을 선택하여 원하는 형태로 프린트해 보세요.

이번 장에서는 맥의 오피스 프로그램인 iWork(키노트, 넘버스, 페이지스)를 다루는 법을 배워 보았어요. 어땠나요? 맥에서도 충분히 프레젠테이션을 만들고, 엑셀 시트를 만들고, 워드 문서를 만들 수 있으니 편리하지요?

'Microsoft 365'를 사용하는 사람과 파일 공유도 자유로우니 이제는 맥을 쓴다고 해서 문서 작성을 겁낼 필요는 없어요. 원하는 폰트를 설치하여 문서를 깔끔하게 정리하고, 프린터도 연결하여 인쇄까지 한 번에 처리할 수 있게 되었어요. 외장 모니터를 아이패드로 연결할 수 있으니 꼭 한 번 해보세요. 작업이 한결 더 수월해진답니다.

나도 맥 정복 가능!

다음 질문에 바로 대답하지 못했다면 04장을 다시 한번 복습한 후에 05장으로 넘어가세요.

1. 키노트에서 프레젠테이션을 만들고 아이폰을 리모컨으로 활용해 발표할 수 있나요? ☑
   ▶ 162쪽을 참고하세요.

2. 넘버스에서 차트를 수정하고 엑셀 파일로 내보내기할 수 있나요? ☐
   ▶ 176쪽을 참고하세요.

3. 페이지스에서 본문 텍스트를 수정할 수 있나요? ☐
   ▶ 184쪽을 참고하세요.

4. 마음에 드는 폰트를 다운로드해 맥에 설치할 수 있나요? ☐
   ▶ 189쪽을 참고하세요.

5. 맥북과 외장 디스플레이를 연결할 수 있나요? ☐
   ▶ 192쪽을 참고하세요.

6. 맥북과 프린터를 연결하고 원하는 문서를 프린트할 수 있나요? ☐
   ▶ 195쪽을 참고하세요.

다섯 번째 이야기

일상생활에 맥 더하기

05장에서는 맥을 일상생활에서 활용하는 방법을 알아보겠습니다. 나의 일상을 관리해 줄 '캘린더'와 '미리 알림'에서부터 커뮤니케이션에 유용한 '메일', '메시지', '페이스타임'까지. 그리고 떠오르는 아이디어를 바로 기록해 둘 수 있는 '메모'를 비롯하여 '스티커', '프리폼', '연락처' 등 맥과 함께하는 일상을 소개합니다.

05-1

모든 일정 관리, 캘린더

캘린더 이해 및 활용
난이도 ★★☆

캘린더는 개인 비서라고 할 수 있을 정도로 일상생활에서 유용하게 활용할 수 있는 좋은 기능이 많은 앱입니다. 특히 아이폰, 아이패드처럼 다른 기기와 동기화해서 사용할 때 더욱 강력한 위력을 발휘합니다. 아이폰, 아이패드, 애플워치에서 동일한 계정을 설정하면 어느 기기에서나 캘린더를 최신으로 유지할 수 있습니다.

캘린더

캘린더 기본 기능 살펴보기

캘린더를 실행하면 '월별'로 보는 매우 깔끔한 인터페이스가 나타납니다. 왼쪽은 캘린더를 목록별로 정리할 수 있는 사이드바 영역이고, 오른쪽은 캘린더 영역입니다.

 캘린더 실행하기: 독이나 런치패드에서 [캘린더 14]를 클릭합니다.

 스팟라이트에서 '캘린더'라고 검색하면 빠르게 찾을 수 있어요.

캘린더의 기본 레이아웃

❶ **[일, 주, 월, 년]**: 캘린더의 보기 옵션을 일별, 주별, 월별, 년별로 선택할 수 있습니다.

❷ **[검색 필드]**: 이벤트를 검색하여 손쉽게 찾을 수 있습니다.

❸ **[오늘]**: 오늘 날짜로 이동합니다. 양쪽의 〈, 〉 버튼을 클릭하면 이전, 다음 캘린더로 이동합니다.

❹ **[캘린더 목록 ▦]**: 왼쪽으로 사이드바가 나타납니다. 캘린더 앱 메뉴에서 [보기 → 캘린더 목록 보기]를 선택해도 됩니다.

❺ **[알림 ✉]**: 아이콘을 클릭하면 사이드바에서 알림 목록을 확인할 수 있습니다. 초대와 이벤트 및 공유 캘린더의 새로운 알림 개수가 표시됩니다.

하면 된다! } 이벤트 추가하기

1. '월별' 보기 캘린더를 기준으로 이벤트를 추가해 보겠습니다. 이벤트를 추가하고 싶은 날짜를 더블클릭하거나 마우스 오른쪽 버튼으로 누르고 [새로운 이벤트]를 클릭합니다.

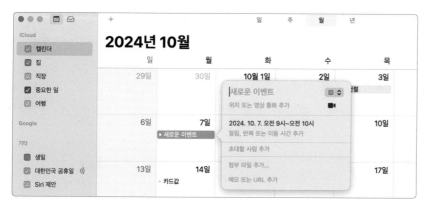

 날짜 칸을 드래그하면 이벤트를 기간으로 설정하여 추가할 수 있습니다.

2. 제목을 입력하고 시간, 반복, 이동 시간, 알림 등의 세부 사항을 입력합니다. 여기에서는 '10월 7일 저녁 7시 ~ 9시 생일파티' 이벤트를 만들어 보겠습니다.

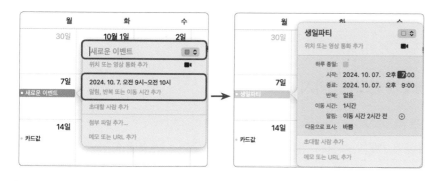

3. 화면 상단의 [주]를 클릭해 '주별' 캘린더를 확인해 보세요. 방금 추가한 이벤트가 주별 캘린더에도 적용된 것을 확인할 수 있습니다.

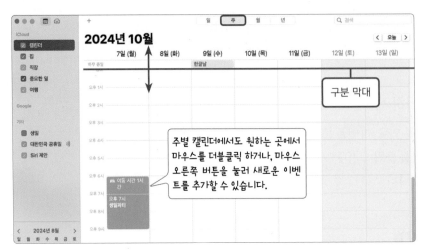

 일별, 주별 보기에서 구분 막대를 위아래로 드래그하면 [하루 종일] 이벤트 목록의 크기를 조절할 수 있습니다.

 이벤트를 생성하면 해당 날짜의 이벤트가 '일, 주, 월, 년' 캘린더에 모두 만들어집니다.

4. 화면 상단의 [일]을 클릭해 앞에서 입력한 이벤트가 잘 추가되었는지 확인합니다. [연]을 클릭하면 연별 캘린더에도 추가된 것을 확인할 수 있습니다.

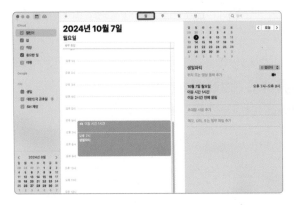

하면 된다! 〉 이벤트를 빠르게 만드는 3가지 방법

1. 빠른 이벤트 생성으로 이벤트 추가하기

화면 왼쪽 상단의 ⊞를 클릭하면 [빠른 이벤트 생성]을 할 수 있습니다. 날짜와 시간을 입력한 후 새로운 이벤트의 이름도 함께 입력해 보세요. 그러면 해당 날짜와 시간에 일정이 바로 추가되는 것을 볼 수 있습니다.

 ⊞를 길게 누르면 기본 캘린더가 아닌 다른 캘린더를 선택한 후 이벤트를 추가할 수 있습니다.

2. 스팟라이트를 사용하여 이벤트 추가하기

메뉴 막대에서 스팟라이트 ⌕를 클릭한 다음 '주말 11시 지윤이와 영화 관람'과 같이 검색 필드에 이름 및 시간을 입력합니다. 나타나는 '제안된 캘린더 이벤트'에서 [추가]를 클릭하면 이벤트가 추가됩니다.

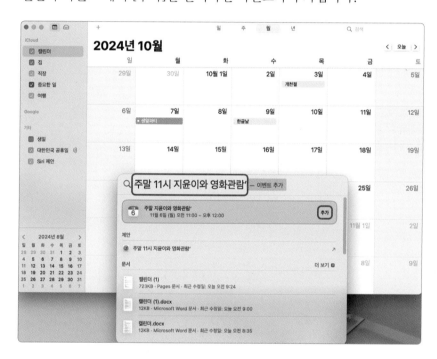

3. 시리에게 요청하여 이벤트 추가하기

시리에게 "이번 주말에 서인이, 우성이와 영화 관람 약속 만들어 줘"라고 말하면 캘린더에 이벤트를 빠르게 추가할 수 있습니다.

이메일에서 발견한 일정을 캘린더에 추가하기

레스토랑 예약, 일정, 초대 등 이메일에서 발견한 새로운 이벤트를 자동으로 캘린더 앱에 추가할 수 있습니다. 예를 들어 '8월 5일 애플 ZOOM 미팅'이라는 문구가 이메일에 포함돼 있다면 이 가운데 일부를 자동으로 이벤트 등록에 추가합니다. 이때 나타나는 화살표⬇를 클릭한 후 바로 캘린더 일정에 등록할 수 있습니다.

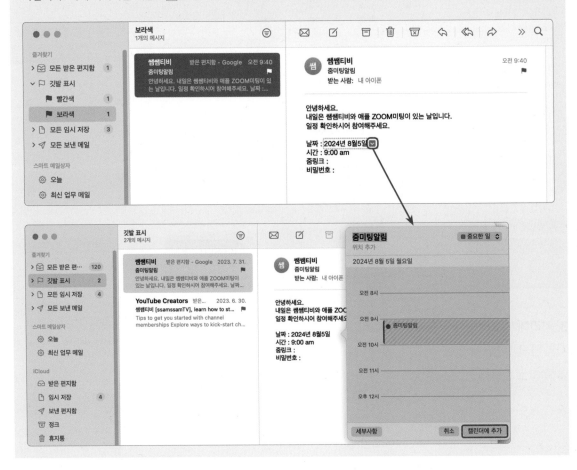

여러 개의 캘린더 동시에 관리하기

맥에서는 여러 캘린더를 동시에 활용할 수 있습니다. 각 캘린더별 색상이 다르기 때문에 일정도 한눈에 관리하기 쉽습니다.

[파일 → 새로운 캘린더]를 클릭하고 캘린더의 이름을 입력한 뒤 (return) 을 누릅니다.

왼쪽 사이드바의 캘린더 목록에서 캘린더를 선택하고 클릭하면 이름을 변경할 수 있고 마우스 오른쪽 버튼을 누르면 색상을 변경할 수 있습니다.

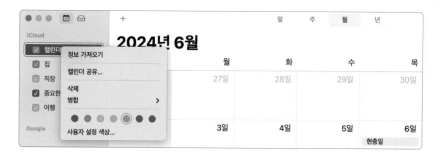

[알아 두면 좋아요!] 캘린더 공유하기

캘린더 앱을 사용하면 다른 사람들과 일정을 공유할 수 있습니다. 캘린더 앱에서 일정을 공유하고자 하는 캘린더의 위에서 마우스 오른쪽 버튼을 누른 뒤 [캘린더 공유...] 메뉴를 클릭합니다. 이메일 주소나 아이클라우드 계정을 입력하여 일정을 공유할 수 있습니다.

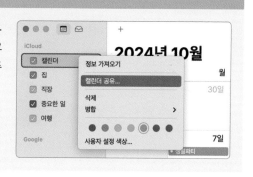

캘린더 설정 변경하기

앞에서 살펴본 이벤트 추가 기능은 기본 캘린더에 적용됩니다. 그러므로 캘린더를 여러 개 사용하고 있다면 가장 자주 사용하는 캘린더를 기본 캘린더로 설정해 놓는 것이 좋습니다.

캘린더 앱의 메뉴에서 [캘린더 → 설정...]을 클릭합니다.

기본 캘린더는 [일반] 탭의 '기본 캘린더' 항목에서 설정합니다.

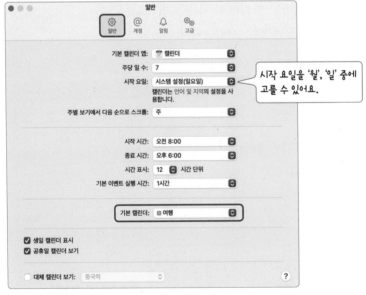

기본 캘린더를 변경합니다.

[알림] 탭에서는 일정에 대한 알림 시간을 변경할 수 있습니다.

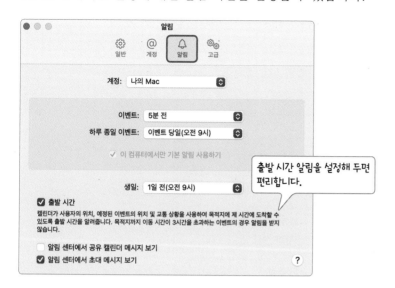

출발 시간 알림을 설정해 두면 편리합니다.

🍎 맥에서 아이폰, 아이패드와 같은 계정을 사용한다면, 맥에서 변경한 캘린더 설정이 아이폰과 아이패드에도 똑같이 적용됩니다. 일정을 변경하거나 알림을 설정하고 삭제하는 모든 변경 사항이 실시간으로 업데이트됩니다.

알림 추가로 미리 알림 받기

캘린더에 등록한 이벤트는 미리 확인하지 않으면 놓칠 수 있으니, 미리 알림을 설정해 두는 것이 좋습니다.

알림 설정을 원하는 이벤트 위에서 마우스 오른쪽 버튼을 클릭한 후, [정보 가져오기]를 선택합니다.

정보 입력 창이 나타나면 날짜와 시간을 선택합니다. 알림은 하루나 이틀 전에 미리 알려 주는 기능도 있어 원하는 시간을 지정해 미리 알림을 받아 볼 수 있습니다.

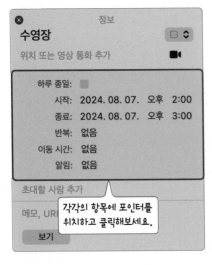
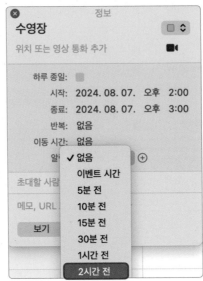

이벤트 초대로 친구와 일정 나누기

맥의 캘린더에서는 이벤트 초대로 다른 사람과 함께 일정을 나눌 수 있습니다. 혼자만의 일정이 아닌, 함께하는 일정을 만들 수 있는 것이죠. 이벤트 초대를 이용하는 방법을 간단히 살펴보겠습니다.

등록돼 있는 이벤트 중 친구와 공유할 이벤트 위에서 마우스 오른쪽 버튼을 누릅니다. [이메일로 이벤트 보내기]를 선택하면 이메일을 통해 캘린더 이벤트 초대를 할 수 있습니다. 받는 사람이 승인하면 자신의 이벤트에도 등록됩니다. 단, 상대방도 애플 기기를 사용하고 있어야 합니다.

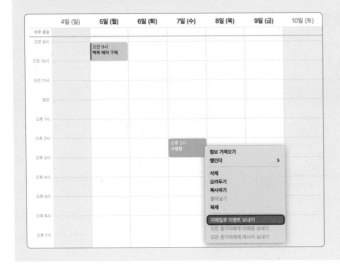

05-2

간편한 아이디어 기록, 메모

메모 앱 활용
난이도 ★★☆

메모 앱 역시 아이클라우드 동기화를 통해 맥과 아이패드, 아이폰에서 함께 사용할 수 있습니다. 아이폰에서 선택한 메모를 삭제하면 맥에서도 해당 메모가 삭제되고, 맥에서 추가하면 아이폰에서도 추가됩니다. 맥에서 메모를 작성하고, 외출 시에는 아이폰만 들고 나가도 메모를 볼 수 있어 편리합니다.

메모 앱에 인터넷 계정을 추가하면 사용하는 기기와 상관없이 언제 어디서든 메모를 확인할 수 있습니다. [메모 → 계정]에서 인터넷 계정을 추가해 사용해 보세요.

메모 앱의 기본 화면은 연락처 앱과 비슷합니다. 애플은 언제나 비슷한 사용자 경험을 제공하므로 한 가지만 제대로 이해하고 있으면 다른 기능도 쉽게 이용할 수 있습니다.

만약 메모 앱이 다음 그림처럼 3단으로 나오지 않는다면 메모 앱 메뉴의 [보기 → 폴더 보기]를 선택하세요.

메모

 메모 앱 열기: 스팟라이트 검색으로 빠르게 찾을 수 있어요. 시리에게 "메모 앱 열어 줘"라고 요청해 보세요.

① 보기 모드   ② 새로운 메모   ③ 포맷   ④ 체크리스트   ⑤ 표
⑥ 미디어   ⑦ 링크   ⑧ 잠금   ⑨ 공유   ⑩ 검색

메모 작성, 편집하기

메모에 내용을 입력한 후, 서체를 바꾸거나 글자 크기를 조정하는 등 서식을 바꾸고 싶을 때는 command ⌘ + T 를 누르세요.

 메모의 첫 행이 메모의 제목이 됩니다. 메모 제목은 [메모 → 설정]에서 변경할 수 있습니다.

글자체와 스타일, 크기를 변경할 수 있어요.

이 외에 도움이 되는 단축키

command ⌘ + + : 글자를 한 단계씩 크게 만들기

command ⌘ + − : 글자를 한 단계씩 작게 만들기

command ⌘ + B : 볼드체

command ⌘ + U : 밑줄

command ⌘ + T : 서체 윈도우 열기

서체 윈도우를 열지 않아도 메모 앱 메뉴의 [포맷]을 클릭하면 서식을 다양하게 바꿀 수 있습니다.

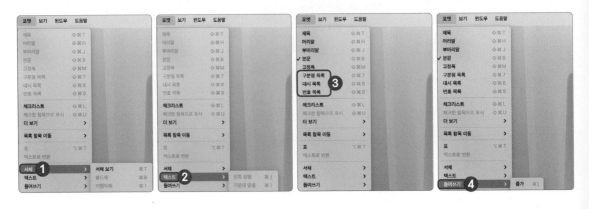

❶ [서체]: 서체를 간편하게 수정하고 변경할 수 있습니다.

❷ [텍스트]: 글을 왼쪽이나 오른쪽 또는 가운데 정렬로 변경할 수 있습니다.

❸ [목록]: 구분점 또는 대시, 번호 목록을 추가할 수 있습니다.

❹ [들여쓰기]: 텍스트를 좀 더 간결하게 정리할 수 있습니다.

[알아 두면 좋아요!] 메모 공유하기

작성한 메모를 공유하려면 도구 막대에서 [공유 🔼]를 클릭하거나 메모 앱 메뉴에서 [파일 → 공유]를 클릭합니다. [공통 작업]을 선택하면 해당 메모를 함께 수정하고 작업할 수 있습니다. [복사본 보내기]를 선택하는 경우 수신자는 메모를 변경할 수 없고, 현재의 메모만 확인할 수 있습니다. 일반 파일 보내기와 원리가 같아요.

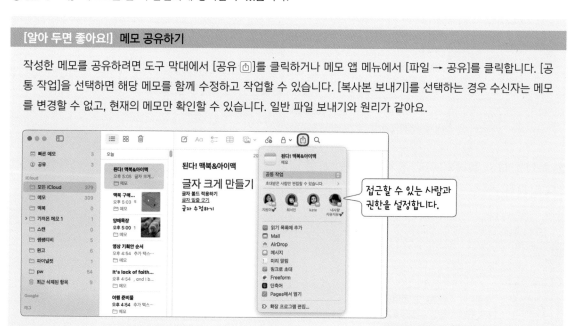

메모 앱의 유용한 기능

메모 앱은 폴더를 만들어 정리할 수 있습니다. 또한 체크리스트를 만들어 일정을 간단하면서도 직관적으로 관리할 수 있고, 서식을 추가해 작성하거나 사진, 비디오, PDF 및 다른 파일을 드래그해 메모에 손쉽게 첨부할 수도 있습니다. 이제부터 메모 앱의 다양한 기능을 알아보겠습니다.

하면 된다! } 폴더로 메모 정리하기

1. 사이드바의 맨 아래에서 [+새로운 폴더]를 클릭하면 새로운 폴더를 만들 수 있습니다. 폴더 이름을 입력하고 [확인]을 클릭합니다.

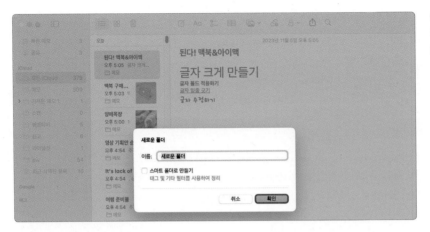

사이드바가 보이지 않는 경우에는 메모 앱 메뉴에서 [보기 → 폴더 보기]를 클릭하세요!

2. 폴더를 다른 폴더의 위로 겹치게 드래그하면 해당 폴더의 하위 폴더로 이동합니다. 반대로 하위 폴더를 폴더 밖으로 빼거나 다른 폴더로 넣을 수도 있습니다.

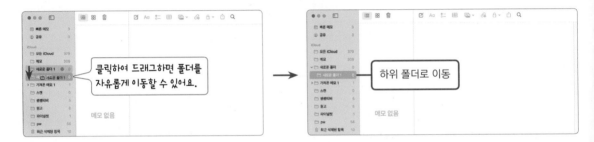

3. 폴더를 선택하고 도구 막대의 [삭제 🗑]를 클릭하거나 delete 를 누르면 폴더가 삭제됩니다. 삭제한 폴더에 있는 메모는 30일간 [최근 삭제된 항목] 폴더에 보관되며, 이후 영구 제거됩니다.

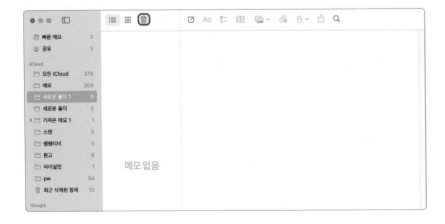

하면 된다! ⟩ 메모에 체크리스트 추가하기

1. 체크리스트를 추가하기 위해 메모를 먼저 작성하고 체크리스트로 만들 부분을 드래그합니다. 이때 체크리스트는 문장을 기준으로 나뉩니다.

2. 도구 막대에 있는 [체크리스트 ☷]를 클릭하면 체크리스트가 생성됩니다.

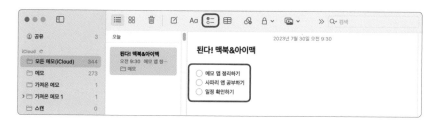

3. 체크리스트 앞의 동그라미를 마우스로 클릭하면 노란색의 체크 표시가 나타나는데, 이는 할 일을 끝냈다는 의미입니다. 체크 표시를 해제하려면 다시 클릭하면 됩니다.

 항목을 클릭한 상태에서 원하는 위치로 드래그하면 재정렬됩니다.

체크리스트 항목을 추가하려면 체크리스트 항목의 끝을 클릭한 후 `return`을 누릅니다.

체크리스트 자체를 없애려면 원하는 범위만큼 지정한 후, 다시 [체크리스트 ☷]를 클릭하면 됩니다.

 `return`을 두 번 누르면 체크리스트가 종료됩니다.

서식 추가하기

메모 앱에서는 서식을 적용하여 메모를 작성할 수 있습니다. 서식을 적용
할 글자를 선택한 후 [서식 Aa]을 클릭하여 원하는 항목을 지정하세요.

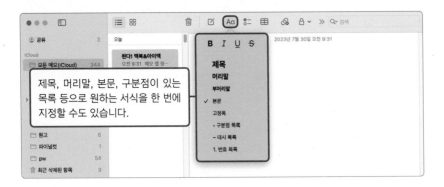

제목, 머리말, 본문, 구분점이 있는 목록 등으로 원하는 서식을 한 번에 지정할 수도 있습니다.

멀티미디어 파일 넣기

맥의 메모 앱은 단순히 텍스트만 입력할 수 있는 게 아닙니다. 다양한 멀
티미디어 파일을 첨부해 메모를 작성할 수도 있습니다.

여기에서는 메모장에 사진을 넣어 보겠습니다. 파인더에서 메모장에 첨
부하고 싶은 이미지를 고른 후 드래그하여 작성 중인 메모에서 원하는 위
치에 놓아 보세요. 사진을 비롯한 멀티미디어 파일이 바로 메모 앱에 추
가되는 것을 볼 수 있습니다.

 문서나 사진, 지도, PDF, 동영상, 링크 등을 드래그 앤 드롭으로 바로 넣을 수 있습니다.

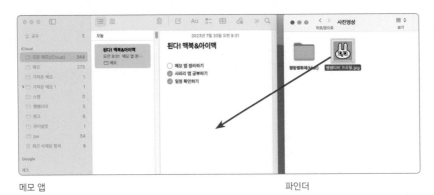

메모 앱   파인더

이렇게 추가된 사진은 본문에 자연스럽게 배치되며, 아이패드, 아이폰을
비롯한 다른 기기에서도 확인하고 수정할 수 있습니다.

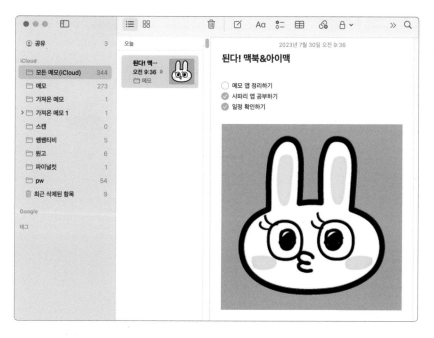

 아이클라우드 로그인 상태여야 다
른 기기에서 확인하거나 수정할 수 있
습니다.

[알아 두면 좋아요!] 메모 앱의 기본 설정 변경하기

메모 앱에서 새로운 메모를 작성하면 늘 같은 설정으로 메모가 시작되는 것을 볼 수 있습니다. 이 설정을 변경하려면
메모 앱 메뉴에서 [메모 → 설정]을 클릭한 후, 각 항목의 설정을 변경해 보세요. 메모 정렬 기준이나 기본 계정을 바로
바꿀 수 있습니다.

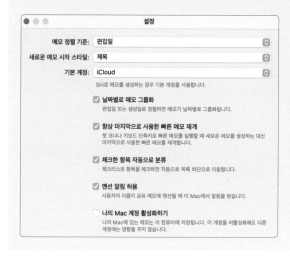

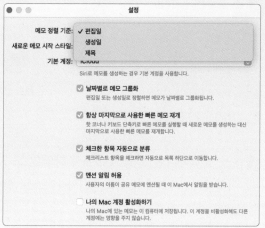

05-3
무한 확장 캔버스, 프리폼

프리폼

프리폼(Freeform)은 내 생각을 무한대로 확장할 수 있는 스케치 보드입니다. 콘텐츠를 추가하면 추가하는 대로 사방으로 확장할 수 있는 캔버스라고 생각하면 됩니다. 텍스트는 물론 스티커 메모와 사진, 비디오 및 다른 유형의 파일까지 추가할 수 있습니다. 공간 제한이나 페이지 포맷의 제약을 받지 않는 프리폼에서 마음껏 생각을 펼쳐 보세요!

하면 된다! ⟩ 프리폼 작성하기

1. 런치패드나 스팟라이트 검색을 통해 프리폼 앱을 실행하세요. 처음 실행한다면 아무 보드도 없을 거예요. 프리폼 윈도우 상단의 [새 보드 만들기 🖉]를 클릭하거나, 앱 메뉴의 [파일 → 새로운 보드]를 클릭하여 새 보드를 생성합니다.

2. 항목을 삽입하려면 도구 막대에서 다양한 도구 중 하나를 클릭하면 됩니다. 여기에서는 [스티커 메모 🗒]와 [텍스트 상자 🖽]를 사용해 오늘의 할일을 만들어 보겠습니다.

캔버스를 사방으로 확대해 보세요.
무한으로 펼쳐지는 것을 볼 수 있습니다.

3. 위치를 고정하고 싶은 항목이 있다면 '잠그기' 기능을 활용하면 됩니다.
잠글 항목을 선택한 다음 마우스 오른쪽 버튼을 누르고 [잠그기]를 클릭하면
됩니다. 또한 프리폼 앱 메뉴에서 [정렬 → 잠그기]로도 잠글 수 있습니다.

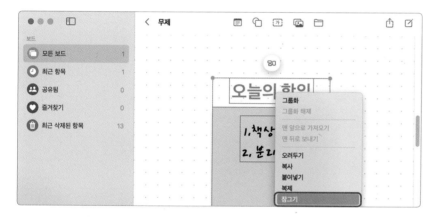

4. 작성한 프리폼 보드를 공유하려면 오른쪽 상단의 [공유 🗗]를 클릭하
면 됩니다. 다른 애플 기기 사용자와 함께 공유할 수 있고, [파일 → PDF
로 내보내기]를 통해 윈도우 PC 사용자와도 공유할 수 있습니다.

05-4
똑똑한 개인 비서, 미리 알림

일정 관리, 미리 알림
난이도 ★☆☆

미리 알림

미리 알림은 해야 할 일을 미리 등록하고 알림을 설정해 놓으면 지정한 시간이나 장소에서 알려 주는 일정 관리 앱입니다. 해야 할 일을 놓치지 않고 처리할 수 있도록 알려 주는 역할을 합니다.

아이폰, 아이패드 사용자들에게 유용한 이 앱은 아이클라우드를 통해 아이폰에서 설정한 메뉴를 그대로 맥에서도 수정하거나 삭제할 수 있습니다.

아이폰의 미리 알림 화면

맥의 미리 알림 화면

하면 된다! } 미리 알림 활용하기

1. 일정 추가하기

일정을 추가하는 데에는 두 가지 방법이 있습니다. 오른쪽 상단의 [추가 ⊞]를 클릭하거나 빈 공간을 클릭하면 일정을 추가할 수 있습니다. 편한 방법으로 알림 일정을 추가해 보세요.

새로운 미리 알림 추가 방법 1

새로운 미리 알림 추가 방법 2

 공유 기능을 활용하면 사파리 웹 페이지, 이메일 등 거의 모든 곳에서 미리 알림을 생성할 수 있습니다.

2. 알림 기능 설정하기

앱의 이름이 '미리 알림'인 만큼 이 기능을 설정하면 유용하게 사용할 수 있습니다. 추가한 일정에 포인터를 올려놓으면 오른쪽에 [정보 ⓘ]가 나타납니다. [정보 ⓘ]를 클릭하여 정보 창이 나타나면 언제 알림을 해줄지, 어느 위치에서 알려 줄지, 우선순위는 어떻게 되는지 등을 직접 설정할 수 있습니다. 맥에서 알림을 설정하면 아이폰과 아이패드에서도 받을 수 있습니다.

지정한 날짜와 시간에 알려 주도록 설정할 수 있습니다.

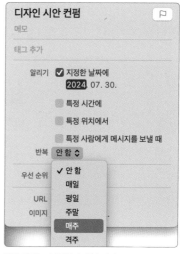

반복 알림도 설정할 수 있습니다.

'시간'이 아닌 '장소'를 중심으로 미리 알림을 실행하는 기능입니다. 이러한 위치 설정을 이용하면 '장소'를 이동할 경우, 즉 현재 위치에서 이동을 시작할 때 알림을 보내도록 설정하거나 특정 장소에 도착했을 때 알림을 받을 수 있습니다.

3. 일정을 추가하면 왼쪽에 동그라미가 나타납니다.

4. 동그라미를 클릭하면 목록에서 바로 사라집니다. 왼쪽의 [완료됨]을 클릭하면 완료된 목록이 나타납니다.

 완료된 미리 알림은 각 항목을 선택한 후 `delete`를 눌러 삭제하거나, 트랙패드에서 두 손가락을 왼쪽으로 쓸어 넘기면 삭제 메뉴가 나타납니다.

 삭제된 미리 알림은 최대 40일간 아이클라우드에 보관된 후 영구 삭제됩니다.

완료된 미리 알림 삭제 방법

목록 공유하기

미리 알림 목록을 다른 사람과 함께 공유하면 그 사람에게도 알림이 뜨도록 하여 업무를 분담하고 빠르게 공동으로 작업할 수 있습니다. 목록 위에 포인터를 위치하고 [공유]를 클릭하면 다른 사람을 초대할 수 있습니다.

다른 사람과 공유하여 공동 작업을 할 수 있어요.

목록 추가하기

미리 알림에 알림이 많으면 관리하기가 힘들 수 있습니다. 업무용 알림인지, 개인용 알림인지, 기타 알림인지 구분되지 않기 때문이죠. 그래서 목록을 추가해 원하는 목록별로 정리하면 편리합니다.

일정을 효율적으로 관리하기 위해 미리 알림을 목록으로 정리해 보세요.

05-5

맥의 포스트잇, 스티커

맥에서 사용하는 스티커(Sticker)는 단순한 메모장을 넘어 여러 가지 멀티미디어도 메모할 수 있습니다. 메모 앱과의 차이점이라면 메모 앱은 아이클라우드 동기화로 여러 기기에서 사용할 수 있는 반면, 스티커는 공유되지 않고 해당 기기에서만 사용하는 '포스트잇'과 비슷하다고 할 수 있습니다.

스티커

간단히 메모를 입력하고 사진이나 동영상까지 첨부해 꼭 필요할 때 바로바로 확인하려면 스티커를 사용합니다.

🍎 메모 앱은 05-2절을 참고하세요.

스티커는 다른 앱을 실행할 때도 함께 사용할 수 있습니다.

하면 된다! } 스티커 앱의 기본 사용법

스티커 앱의 기능은 매우 간단하며, 다양한 설정은 데스크탑 상단의 앱 메뉴에서 변경할 수 있습니다.

1. 스티커 앱을 실행하고 앱 메뉴에서 [파일 → 새로운 메모]를 클릭한 후 내용을 입력합니다.

스팟라이트 Q 나 '시리에게 요청'으로 스티커 앱을 실행해 보세요.

 command ⌘ + N 은 새로운 메모의 단축키입니다.

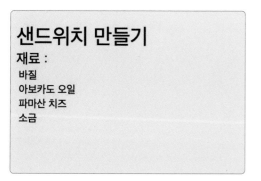

2. 서체 변경

스티커 앱 메뉴의 [서체 → 서체 보기]를 클릭하거나 command ⌘ + T 를 누르면 스티커의 글자 크기나 서체, 글자색 등을 바꿀 수 있는 서체 윈도우가 나타납니다. 변경할 내용을 드래그한 후 서체를 선택하여 원하는 모양으로 바꿔 보세요.

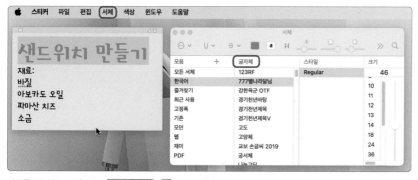

서체를 변경하고 싶을 때는 command ⌘ + T 를 누릅니다.

3. 반투명하게 만들기

스티커가 화면을 가리는 것이 불편하다면 스티커를 반투명하게 설정할 수 있습니다. 앱 메뉴에서 [윈도우 → 반투명]을 클릭하면 스티커가 반투명하게 바뀝니다.

 반투명 단축키:
command ⌘ + option + T

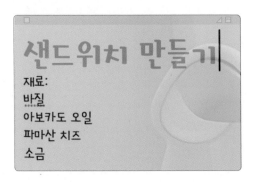

4. 색상 변경하기

스티커를 여러 개 만들고 싶다면 [색상]을 클릭해 각각의 스티커 색상을 변경해 보세요. 스티커가 여러 개 있어도 원하는 내용의 스티커를 한눈에 확인할 수 있습니다.

 스티커 색상 단축키:
command ⌘ + 1 ~ 6

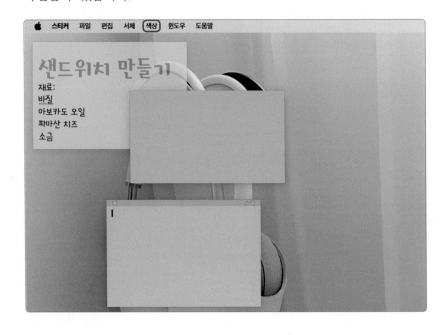

5. 스티커를 맨 앞으로 띄우기(상단에 띄우기)

보통 스티커는 데스크탑의 맨 뒤에 배치됩니다. 다른 윈도우가 실행되면
스티커는 윈도우 뒤로 가려지는데, 스티커를 맨 앞으로 배치하고 싶다면
앱 메뉴에서 [윈도우 → 상단에 띄우기]를 선택하면 됩니다. 이제 스티커
를 다른 윈도우 앞에 유지할 수 있습니다.

6. 현재 설정 저장하기

이때까지 설정한 내용을 기본값으로 저장할 수 있습니다. 앱 메뉴에서 [윈
도우 → 기본값으로 사용]을 선택하면 현재 스티커의 포맷을 기본 템플릿
으로 저장하며, 이후 새로 작성하는 스티커는 모두 이 템플릿을 기준으로
만들어집니다.

스티커의 상단 제목 막대에 포인터를 위치하면 스티커가 생성된 날짜와 시간뿐 아니라 내용을 변경했던 날짜와 시간까지 볼 수 있습니다.

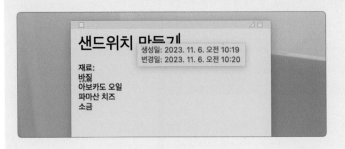

하면 된다! ⟩ 사진이나 동영상도 메모할 수 있다!

사진이나 동영상을 스티커에 함께 메모해 두면 필요할 때 쉽게 찾을 수 있어 편리합니다. 원하는 파일을 복사한 후, 스티커에서 붙여 넣으면 바로 적용됩니다.

 동영상 역시 스티커에 메모해 두고 재생해 볼 수 있습니다.

1. 스티커에 첨부할 이미지를 실행합니다. 그런 다음, 원하는 영역을 지정하고 command ⌘+C를 눌러 복사합니다.

 마우스 오른쪽 버튼을 누른 후 [복사]를 선택해도 됩니다.

2. 스티커에서 command ⌘ + V 를 눌러 붙여넣기를 실행하면 사진의 크기에 따라 100% 크기로 나타납니다. 원하는 크기가 있다면 미리 크기를 조절해 붙여 넣어 주세요.

메모 삭제하기

삭제할 메모를 선택하면 왼쪽 상단 모서리에 [닫기 ▣]가 나타납니다. [닫기 ▣]를 클릭한 다음 [메모 삭제] 버튼을 클릭하면 메모가 삭제됩니다.

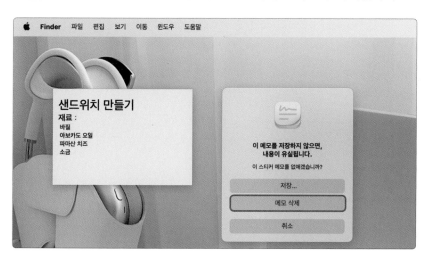

[알아 두면 좋아요!] 스티커 본문 검색하기

스티커에 있는 글자 중 검색하고 싶은 단어가 있을 때는 따로 사파리를 열지 않고 검색할 수 있습니다. 스티커에서 글자를 드래그한 후, command ⌘ + shift + L 을 누르면 바로 사파리에 검색 결과가 나타납니다.

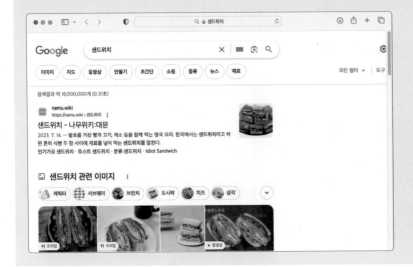

05-6

전화번호 통합 관리, 연락처

연락처 앱 활용
난이도 ★★☆

아이폰, 아이패드를 맥과 함께 사용하고 있다면 연락처 앱을 꼭 사용해 보기 바랍니다. 맥에서도 문자 메시지 보내기와 영상 통화인 페이스타임이 가능합니다. 하나의 애플 계정을 사용하면 연락처를 일일이 옮기지 않아도 자동으로 동기화됩니다.

아이폰이나 아이패드를 사용하지 않더라도 웹 사이트에 있는 연락처를 바로 저장하거나 업무용으로 활용할 때는 연락처 앱을 사용하는 것이 편리합니다.

연락처

 맥은 연락처 앱뿐 아니라 메모, 캘린더 등 아이폰, 아이패드와 연동할 수 있는 기능이 많습니다.

연락처 앱 구경하기

연락처 앱을 실행하면 3개의 영역으로 나눠진 윈도우가 나타납니다.

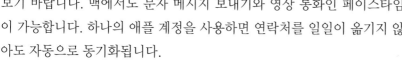

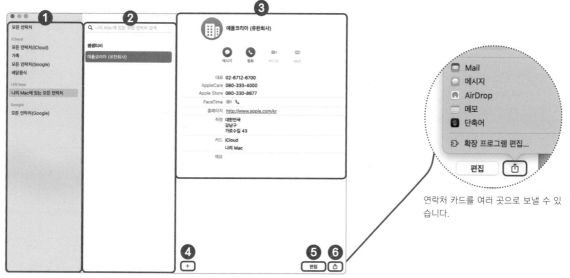

연락처 카드를 여러 곳으로 보낼 수 있습니다.

연락처의 기본 인터페이스

❶ **그룹**: 가족, 직장 등의 그룹을 만들어 관리할 수 있습니다.

❷ **연락처 목록, 검색 창**: 연락처의 목록이 나열되며, 직접 검색해 찾을 수 있습니다.

❸ **정보 창**: 연락처 정보가 나타나는 영역입니다.

❹ **추가**: 새로운 연락처나 그룹을 추가할 수 있습니다.

❺ **편집**: 연락처를 수정할 수 있습니다.

❻ **보내기**: 이메일, 메시지 또는 에어드롭으로 연락처를 보내 공유할 수 있습니다.

 에어드롭이란 iOS 사용자끼리 파일을 공유할 수 있는 기능입니다.

[추가 +]를 클릭하면 연락처의 필드를 추가할 수 있습니다. 주소, 전화번호, 이메일 주소와 같은 기본 연락처보다 정보를 상세하게 입력하고 싶다면 필요한 필드를 골라 추가해 보세요.

연락처 앱 설정 나에게 맞게 바꾸기

앱 메뉴에서 [연락처 → 설정]을 클릭하면 연락처 앱의 설정을 나에게 맞게 변경할 수 있습니다. 예를 들어 성을 먼저 표시할지 이름을 먼저 표시할지 설정할 수 있으며, 기본 주소를 대한민국으로 할지 다른 나라로 할지, 기본 계정을 아이클라우드 계정으로 할지 다른 계정으로 할지를 지정할 수 있습니다.

기본 설정을 변경할 수 있습니다.

❶ **[일반]**: 연락처에 나타낼 포맷을 설정하고 변경할 수 있습니다.

❷ **[계정]**: 연락처와 동기화를 진행할 계정을 추가하거나 제거할 수 있습니다.

❸ **[템플릿]**: 연락처 추가를 눌렀을 때 나타나는 항목을 변경할 수 있습니다.

❹ **[vCard]**: 연락처를 다른 사람과 주고받을 때 사용할 vCard 설정을 변경할 수 있습니다.

 vCard는 전자 명함의 세계 표준 파일 형식입니다. 보통 vCard에는 이름, 주소, 전화번호, 이메일, 웹 사이트 주소, 로고, 이미지, 소리 등의 형태도 넣을 수 있습니다.

연락처 앱의 유용한 기능

연락처마다 사진 등록하기

연락처 앱을 사용하면 전화번호와 사진을 함께 등록해 편리하게 관리할 수 있습니다. 사진을 등록하면 수많은 연락처를 한눈에 구분하기 쉽습니다. 사진을 등록하고 싶을 때는 연락처 이름 왼쪽의 이미지를 클릭하면 됩니다.

연락처 주소를 지도 앱으로 바로 보기

연락처에 주소를 등록한 후 위치를 바로 파악할 수 있게 지도 앱으로 해당 주소를 볼 수 있습니다.

주소 위로 포인터를 위치하면 나타나는 [지도 ⚓]를 클릭해 보세요. 해당 위치가 지도 앱에서 바로 나타나고, 현재 있는 곳에서 해당 주소까지 이동할 때 걸리는 시간도 친절하게 알려 줍니다.

연락처에 사진 등록하기

연락처 주소를 지도 앱으로 보기

05-7

맥에서 주고받는 문자, 메시지

간편 대화, 메시지 앱
난이도 ★★☆

맥에서도 아이폰처럼 누구에게나 메시지를 보낼 수 있습니다. 애플 아이
디로 로그인하면 간결한 화면의 메시지 윈도우가 나타납니다. 왼쪽에는
대화 목록, 오른쪽에는 대화 창이 펼쳐집니다. 메시지를 보내고 싶을 때
는 [새로운 메시지 ☑]를 클릭한 후 '받는 사람' 부분에 연락처나 이메일
주소를 입력하고 대화 내용을 입력하면 됩니다.

메시지

 왼쪽 대화 목록에서 마우스 오른쪽
버튼을 누르고 [고정]을 클릭하면 상단
에 고정할 수 있습니다(최대 9개).

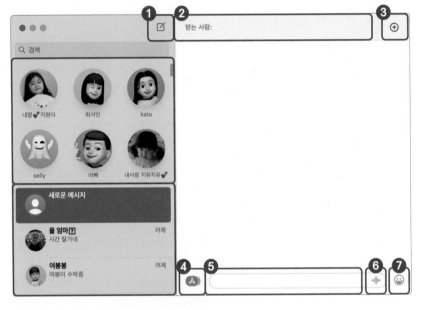

① **새로운 메시지** ☑: 새로운 메시지를 만듭니다.

② **받는 사람**: 메시지를 받을 사람을 입력합니다. 번호 또는 이메일 주소를 입력해야 합니다.

③ **연락처에서 불러오기** ⊕: 맥 또는 아이클라우드에 저장된 연락처를 불러와 메시지를
보낼 수 있습니다.

④ **앱** : 메시지에서 쓸 수 있는 다양한 기능입니다. [사진], [스티커], [메시지 효과]를
사용할 수 있습니다.

⑤ **대화 입력 창**: 보낼 메시지를 입력합니다.

⑥ **오디오 녹음** : 음성 녹음 메시지를 보낼 수 있습니다.

⑦ **이모티콘 선택** ☺: 기본으로 제공하는 이모티콘을 보낼 수 있습니다.

메시지 검색 창에 특정 단어를 입력하면 대화 중인 상대의 이름과 대화
내용 가운데 해당 단어가 포함된 대화를 모두 볼 수 있습니다.

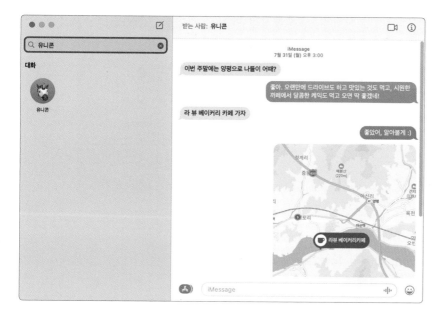

 이미지 또는 파일을 메시지 창에
드래그해 바로 첨부할 수도 있습니다.

보낸 메시지에서 마우스 오른쪽 버튼을 누르면 단일 메시지 기준으로 전
달, 복사 및 삭제를 할 수 있습니다. 또한 이미지를 사진 보관함에 추가하
는 옵션이 추가로 나타납니다.

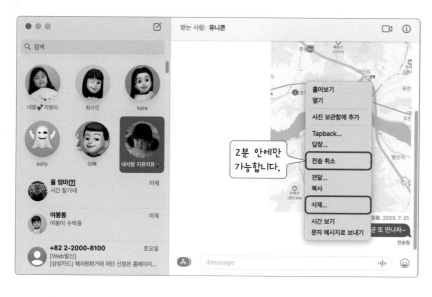

 메시지를 삭제했다고 해서 상대방
화면에서도 삭제되는 것은 아닙니다.
만약 상대방에게 메시지를 보낸 것을
취소하려면 메시지를 보낸 후 2분 안에
[전송 취소]를 누르세요. 2분이 지난 뒤
에는 전송 취소를 할 수 없습니다.

메시지 전송 취소

실수로 보낸 메시지를 철회하려면 전송 취소를 해야 합니다. [삭제...]가 아닌 [전송 취소]를 클릭하면 메시지가 사라지고 '사용자가 메시지 전송을 취소했습니다.'라는 알림이 상대방에게 표시됩니다. 메시지를 보낸 후 최대 2분 동안 전송 취소를 할 수 있습니다. 또한 모두가 iOS 16, iPadOS 16.1, 맥OS 벤투라 및 이후 버전에서 iMessage를 사용해야 합니다. 상대방이 이전 버전인 iOS, iPadOS 또는 맥OS를 사용한다면 보낸 메시지를 취소하더라도 표시될 수 있음을 주의해 주세요.

메시지 삭제

메시지 앱에서 메시지 및 전체 대화를 삭제할 수 있습니다. 아이클라우드가 설정되어 있을 경우, 맥북에서 삭제한 모든 내용은 다른 애플 기기에서도 삭제됩니다. 그러나 메시지를 삭제하면, 받는 사람이 아닌 사용자의 메시지 대화에서만 삭제된다는 것을 유의해야 합니다.

여러 사람이 사용하는 맥북에서는 개인 정보 보호를 위해 메시지를 로그아웃하는 것이 좋습니다. 메시지를 로그아웃하고 싶다면 앱 메뉴에서 [메시지 → 설정]을 클릭한 후 [iMessage] 탭을 클릭하여 로그아웃하세요.

메시지 설정 바꾸기

앱 메뉴에서 [메시지 → 설정]을 클릭하면 대화 기록 저장이나 알림 등 여러 가지 설정을 변경할 수 있습니다.

[내 이름이 멘션될 때 알림 받기]에 체크하면 알림을 해제한 상태라도 상대방이 내 이름을 입력했을 때 알림이 표시됩니다. 단체 대화를 할 때 유용하게 활용할 수 있습니다.

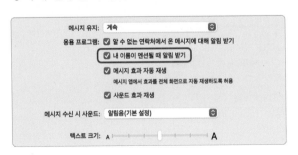

iOS 기기에서는 나의 아바타 역할을 하는 이모티콘인 '미모티콘'을 만들 수 있습니다. 메시지 입력 창의 왼쪽에 있는 앱 버튼을 클릭한 후 [미모티콘 스티커 → ··· → 새로운 미모티콘]을 클릭하세요. 피부부터 모자까지 원하는 모습을 선택한 후 완료 버튼을 클릭하면, 나만의 미모티콘이 완성됩니다.

 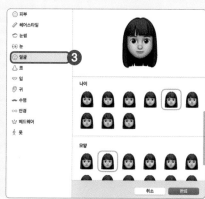 

05-8

음성 통화는 물론 영상 통화까지, 페이스타임

페이스타임(FaceTime)은 간편하게 영상 통화나 음성 통화할 수 있는 앱입니다. 인터넷이 연결되어 있다면 언제 어디서든지 통화를 할 수 있습니다. 전화번호를 몰라도 이메일 주소만 알고 있다면 다른 맥 사용자와 무료로 통화할 수 있습니다.

페이스타임

또한 아이폰과 동일한 계정을 사용하고, 아이폰이 근처에 있을 경우에는 아이폰을 활용해 맥에서도 전화를 걸거나 받을 수 있습니다. 아이폰뿐 아니라 아이패드와 맥에서도 통화할 수 있습니다.

아이폰에 전화가 오면 맥에도 표시됩니다.

하면 된다! } 페이스타임으로 전화 걸고 받기

페이스타임으로 전화 받기는 정말 간단합니다. 그저 [응답]만 클릭하면 되기 때문이죠. 그러나 전화 거는 방법을 모르면 그저 전화 받기만 하게 되므로 맥으로 전화 걸기를 미리 익혀 두는 것이 좋습니다.

 상대방도 같은 애플 계정으로 로그인되어 있어야 전화를 걸고 받을 수 있습니다.

1. [FaceTime 📹]을 클릭하여 실행하세요. 왼쪽에는 최근 통화 목록, 오른쪽에는 사용자의 얼굴이 나타납니다. [새로운 FaceTime 📹] 버튼을 클릭한 후 상대방의 이름이나 이메일 주소 또는 전화번호를 입력하면 해당 연락처가 표시됩니다.

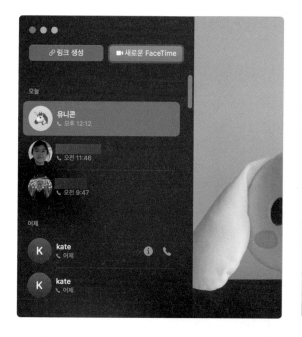

2. 연락처를 선택하고 전화번호를 클릭하면 전화를 걸 수 있습니다.

 최대 32명까지 입력할 수 있어 그룹 페이스타임 통화도 가능합니다.

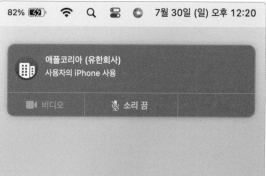

3. [FaceTime] 버튼을 누르면 영상 통화를 할 수 있고, [옵션 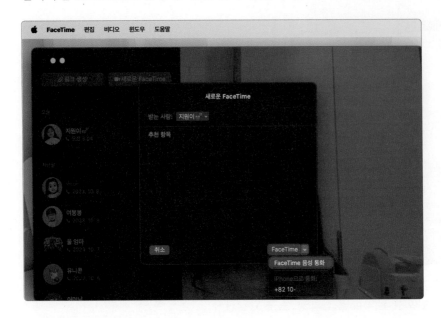] 버튼을 클릭하면 [FaceTime 음성 통화]를 할 수 있습니다.

 통화를 종료하려면 [종료] 버튼을 클릭합니다.

05-9

모든 이메일 계정을 하나로, 메일

메일

이메일은 업무를 처리할 때 매우 중요한 역할을 합니다. 맥의 메일(Mail)은 그저 이메일을 주고받는 단순한 기능을 하는 앱이 아닙니다. 구글, 네이버, 다음 등 여러 가지 이메일 계정을 사용하고 있다면, 맥의 이메일 기능을 이용해 한 번에 여러 계정의 이메일을 관리하고 발송해 보세요.

하면 된다! 〉 이메일 계정 추가하기

맥의 메일 앱에는 여러 계정의 이메일을 한번에 모아 주는 기능이 있습니다. 이메일을 보내기 전에 아이클라우드, 마이크로소프트, 구글 등의 이메일 계정을 하나 이상 추가해야 합니다. 이번에는 여러 개의 계정을 추가해 한 번에 확인하고 발송하는 방법을 알아보겠습니다.

1. 화면 하단의 독에서 [Mail]을 클릭합니다. 처음 메일을 실행하면 아무것도 없는 빈 메일함이 나타납니다. 계정을 추가하고 설정하면 나만의 메일함으로 활용할 수 있습니다.

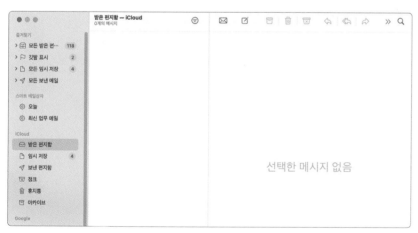

메일 앱의 기본적인 레이아웃

2. 계정을 추가하기 위해 화면 상단의 앱 메뉴에서 [Mail → 계정 추가...]를 클릭합니다.

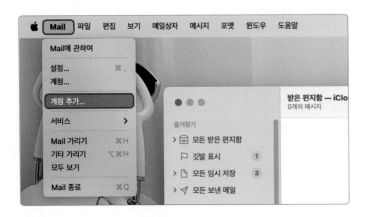

3. 화면에 나타난 대표적인 이메일 서비스 중 추가하고 싶은 이메일 계정을 선택합니다. 이 외의 이메일 서비스를 선택하려면 [다른 Mail 계정]을 클릭하고 [계속]을 클릭합니다.

 지메일 계정을 연결하는 경우 맥에서 [시스템 설정 → 인터넷 계정 → Google]로 들어가 [Mail]을 활성화해야 합니다.

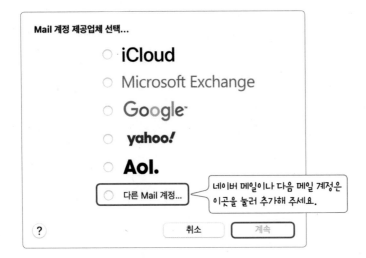

4. 추가할 이메일 정보를 입력합니다. [이름] 항목에 자신이 원하는 이름을 입력한 후 [이메일 주소] 항목과 [암호] 항목을 모두 입력하고 [로그인]을 클릭하면 계정이 바로 추가됩니다.

 간혹 이메일 주소나 비밀번호가 정확하게 입력되지 않았거나 추가 확인이 필요할 때는 [로그인]을 누른 후에라도 추가 입력을 요구할 수도 있습니다. 이때에는 계속 진행하거나 뒤로 돌아가 이메일 주소나 암호를 다시 한 번 확인하세요.

로그인하고 나면 메일함에 있던 이메일이 모두 동기화돼 나타납니다. 이메일 개수가 많으면 시간이 더 소요되므로 잠시 기다리세요.

[알아 두면 좋아요!] 로그인이 되지 않아요!

로그인되지 않는 경우도 있습니다. 암호를 다시 입력하라는 메시지가 계속 나타날 때는 이메일 계정 자체에서 외부 사용이 불가능하게 설정돼 있는 것입니다. 해당 이메일 웹 사이트를 방문해 외부 사용이 가능하도록 설정한 후에 다시 시도해 보세요. 예를 들어 네이버 이메일로 로그인하는 경우 먼저 네이버 이메일의 환경 설정에서 [POP3/IMAP 설정]을 선택하고 [IMAP/SMTP] 옵션을 [사용함]으로 설정한 후에 [저장]을 클릭해야 합니다.

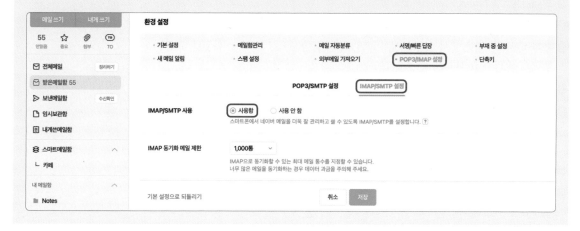

이메일 작성 창에 적응하기

이번에는 이메일의 전반적인 기능을 살펴보겠습니다. 간단해 보이지만 강력한 기능이 숨어 있는 맥의 이메일을 활용하는 데 꼭 필요한 과정입니다. 오른쪽 상단의 도구 막대에서 [새로운 메시지 ☑]를 클릭하면 이메일 작성 창이 열립니다.

기본적인 사용 방법은 다른 이메일과 비슷합니다.

'받는 사람' 항목에 상대방의 이메일 주소를 입력한 후 제목과 보낸 사람 주소를 확인하고 본문을 아래에 입력하면 됩니다.

❶ **보내기** ⬀: 클릭하면 이메일이 전송됩니다.

❷ **답장** ↩: 현재 이메일을 보낸 사람에게 답장을 보낼 수 있습니다.

❸ **첨부 파일** 📎: 각종 문서 파일과 설치 파일, 사진, 동영상 등 여러 가지 파일을 이메일에 첨부할 수 있습니다.

❹ **첨부 파일 포함** ▦: 클릭하면 답장에 원본 메시지의 첨부 파일을 함께 발송합니다.

❺ **텍스트 스타일** Aa: 클릭하면 편집 도구가 나타나게 하거나 숨길 수 있습니다. 수정하고자 하는 글자를 드래그해 선택한 후, 편집 도구를 클릭하면 글자체를 조절하거나, 크기 및 색상을 변경하거나, 여러 가지 정렬을 바꿀 수 있습니다.

❻ **이모티콘** ☺: 맥에서 제공하는 각종 이모티콘을 사용할 수 있습니다.

❼ **사진 브라우저** 🖼: 사진 앱에 사진이 있을 때 유용한 기능입니다. 사진을 간편하게 첨부할 수 있습니다.

❽ **예약하기** ⏷: 시간을 선택하거나 [나중에 보내기]를 클릭하여 날짜 및 시간을 설정할 수 있습니다.

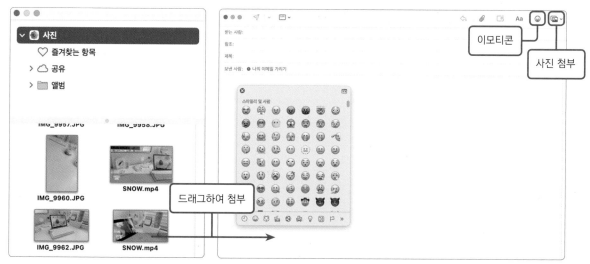

이모티콘

사진 첨부

드래그하여 첨부

사진 앱에 있는 사진을 간편하게 드래그하여 첨부할 수 있습니다.

control + command ⌘ + spacebar 를 눌러도 이모티콘을 삽입할 수 있습니다.

[알아 두면 좋아요!] 이메일을 작성할 때 사용하면 좋은 부가 기능

이메일을 작성하다가 본문에서 [편집] 메뉴를 클릭하면 여러 가지 부가 기능을 사용할 수 있습니다.

[링크 추가...]: 본문 텍스트에 인터넷 주소 링크를 넣습니다.
[맞춤법 및 문법]: 이메일을 작성했는데, 맞춤법이 맞는지 헷갈릴 때 유용합니다.
[말하기]: 현재 선택된 텍스트를 읽어 줍니다.

하면 된다! } 스마트 메일상자로 받은 이메일 관리하기

받은 메일상자는 여러 가지 이메일이 모두 모여 있기 때문에 원하는 이메일만 따로 찾기 힘듭니다. 그래서 때때로 중요한 이메일을 놓치기도 하는데, 맥의 '스마트 메일상자'는 원하는 조건에 맞는 이메일만 따로 모아 보여 줍니다. 예를 들어 '한 달 이내', '○○로부터', '기획안'이라는 말이 들어간 이메일만 모아 주는 식으로 만들 수 있는 것이죠.

1. [스마트 메일상자]에 포인터를 가져가면 [추가 ⊕] 버튼이 나타납니다. ⊕를 클릭하여 스마트 메일상자를 만듭니다.

2. 원하는 이름과 조건을 추가해 나에게 필요한 스마트 메일상자를 만들어 보세요.

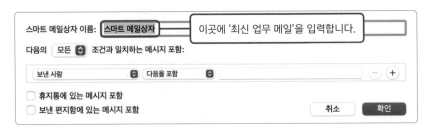

3. '최신 업무 메일'이라는 이름의 스마트 메일상자가 만들어졌습니다.

하면 된다! ⟩ 깃발로 이메일 분류하고 관리하기

깃발은 스마트 메일상자에 이어 이메일을 효과적으로 관리할 수 있게 해 주는 기능입니다. 당장 확인해야 하는 것은 아니지만 중요한 이메일이거나 나중에 보기 위해 따로 표시해 두는 것인데요. 원하는 색상을 지정할 수도 있습니다.

1. 깃발을 지정하고 싶은 이메일에서 마우스 오른쪽 버튼을 누른 후, [깃발]을 선택합니다.

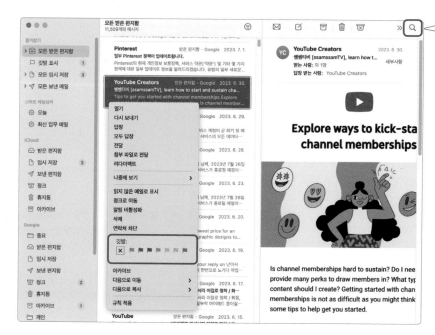

> 찾고 싶은 이메일이 있다면 검색 기능을 사용해 보세요!

2. 이제 왼쪽 사이드바에서 [깃발 표시]를 클릭하면, 깃발이 달린 이메일을 색깔별로 정리하여 볼 수 있습니다.

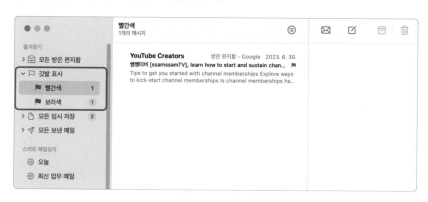

 iOS 기기와 마찬가지로 이메일을 트랙패드로 관리할 수 있습니다. 왼쪽이나 오른쪽으로 쓸어내기 추가 기능을 활용해 보세요!

하면 된다! } 서명 미리 등록하고 바로 꺼내 쓰기

미리 작성된 텍스트를 서명으로 설정해 두면 이메일을 보낼 때 편리합니다.
이번에는 서명을 미리 등록해 놓고 바로 사용하는 방법을 알아보겠습니다.

1. [Mail → 설정...]을 클릭합니다.

2. [서명] 탭을 클릭한 후, ⊕를 클릭하면 새로운 서명을 입력할 수 있습
니다. 이때 command ⌘ + T 를 누르면 서식을 변경할 수 있습니다.

 서명은 여러 개 만들어 놓고 사용할
수 있어요. 업무용 서명과 개인용 서명
을 따로 설정해 두면 편리합니다.

3. 이메일을 작성할 때 오른쪽에 있는 [서명 #1]를 선택하면, 방금 만든 서명을 바로 불러올 수 있습니다.

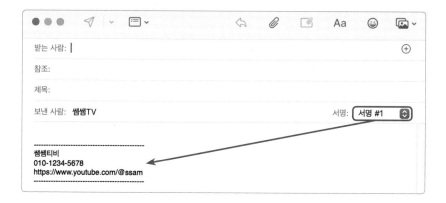

하면 된다! ⟩ 스플릿 뷰로 작업 능률 높이기

맥OS 시에라 버전부터는 메일 앱을 전체 화면으로 놓고 작업하면 윈도우를 자동으로 배열해 주는 스플릿 뷰(Split View) 모드가 활성화됩니다. 스플릿 뷰를 이용해 이전 이메일과 회신 이메일을 더 능동적으로 활용하는 방법을 알아보겠습니다.

 스플릿 뷰를 좀 더 알고 싶다면 03-5절을 참고하세요!

1. 메일 앱을 전체 화면으로 실행한 후, [메일 작성]이나 [답장]을 클릭하면 자동으로 화면이 반으로 분할되면서 좌우로 나뉩니다.

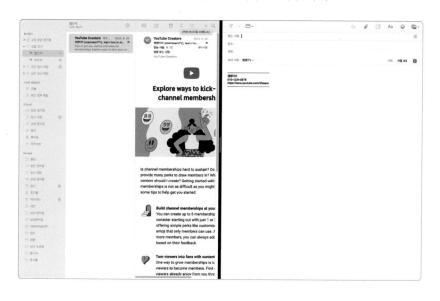

2. 이때 양쪽의 이메일 창은 모두 활성화된 상태이기 때문에 드래그 앤 드롭으로 자료나 파일, 사진 등을 옮길 수 있습니다. 예를 들어 원본 이메일에서 사진을 드래그해 그대로 넣을 수 있습니다.

3. 텍스트도 사진이나 파일과 마찬가지로 그대로 드래그하면 옮겨집니다.

이처럼 메일 앱을 전체 화면으로 활용하면 맥의 넓은 화면을 100% 활용할 수 있습니다.

맥과 함께라면 일상생활을 좀 더 활기차고 생산적이게 만들 수 있어요. 바쁜 일상을 체계적으로 정리할 수 있는 '캘린더'와 '미리 알림', 그리고 업무 연락은 물론 개인 연락도 꼼꼼히 챙길 수 있는 '연락처'와 '메일', 모든 사람과 영상 통화는 물론 음성 통화도 가능한 '페이스타임'까지 놓치지 말고 모두 일상생활에 활용해 보세요!

나도 맥 정복 가능!

다음 질문에 바로 대답하지 못했다면 05장을 다시 한번 복습한 후에 06장으로 넘어가세요.

1. 캘린더의 이벤트를 여러 기기에서 확인할 수 있나요?　☑
   ▶ 200쪽을 참고하세요.

2. 메모 앱으로 간단한 텍스트나 이미지를 입력한 메모를 만들 수 있나요?　☐
   ▶ 209쪽을 참고하세요.

3. 미리 알림 기능으로 이벤트를 놓치지 않고 관리할 수 있나요?　☐
   ▶ 218쪽을 참고하세요.

4. 데스크탑에 스티커를 붙여 둘 수 있나요?　☐
   ▶ 222쪽을 참고하세요.

5. 맥의 연락처 앱으로 아이폰에 저장된 전화번호를 관리할 수 있나요?　☐
   ▶ 229쪽을 참고하세요.

6. 메시지 앱으로 맥북에서도 메시지를 확인하고 보낼 수 있나요?　☐
   ▶ 232쪽을 참고하세요.

7. 페이스타임으로 음성 통화는 물론, 영상 통화도 무료로 할 수 있나요?　☐
   ▶ 236쪽을 참고하세요.

8. 여러 계정의 이메일을 메일 앱에서 하나로 통합해서 관리할 수 있나요?　☐
   ▶ 239쪽을 참고하세요.

여섯 번째 이야기

맥으로 사진, 영상 편집하기

맥으로도 사진이나 동영상을 촬영하고 편집할 수 있다는 것을 알고 있나요? '포토부스'와 '미리보기' 앱으로는 사진을, '아이무비', '퀵타임 플레이어'로는 동영상을 촬영하고 편집할 수 있답니다. 전문가답게 음악을 만들 수 있는 '개러지밴드' 앱도 이번 장에서 배워 볼게요. 아이폰, 아이패드의 화면이 답답했다면 맥으로 시원하게 작업해 보세요! 기능도 더욱 풍부하답니다.

06-1
이미지 편집까지 한 번에, 미리보기

기본 뷰어, 편집 활용
난이도 ★★★

미리보기는 맥의 파인더처럼 한 번 익혀 두면 정말 유용한 앱입니다. 이미지 파일인 JPEG는 물론 JPEG2000, PNG, PSD도 열 수 있으며, PDF와 RIFF 파일까지도 사용할 수 있습니다.

윈도우 PC에서는 포토샵 프로그램이 설치되어 있지 않으면 포토샵 파일을 실행할 수 없는데, 맥에서는 미리보기만으로도 포토샵 파일의 이미지를 확인할 수 있어 편리합니다. 파일의 내용을 재빠르게 파악하기에 딱 좋은 기능이며, 단순하게 미리 보여 줄 뿐 아니라 간단한 편집 기능까지도 제공합니다.

미리보기

 열 수 없는 사진 파일을 받은 경우, 해당 사진을 사용할 수 있는 유형으로 변환할 수 있습니다.

미리보기에서 이미지, PDF 파일 열기

스팟라이트나 런치패드에서 미리보기 앱을 찾아 실행하면 데스크탑에는 별다른 변화는 없지만 앱 메뉴가 '미리보기'로 바뀐 걸 볼 수 있습니다. 앱 메뉴에서 [파일 → 열기...]를 클릭하고 원하는 파일을 선택한 후 [열기]를 클릭합니다.

 최근에 작업한 파일은 [파일 → 최근 사용 열기]를 선택하면 빠르게 열 수 있습니다.

파인더에서 열고자 하는 파일을 더블클릭해도 바로 미리보기 앱으로 열립니다.

 이미지, PDF파일은 미리보기로 바로 열립니다.

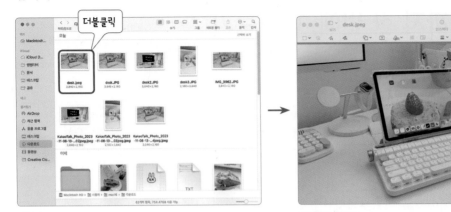

파인더   미리보기 윈도우

파일 열기 설정 변경하기

앱 메뉴에서 [미리보기 → 설정]을 클릭합니다. 설정 창에서 [이미지], [PDF]를 클릭하면 각각의 설정을 변경할 수 있습니다.

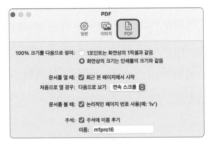

[알아 두면 좋아요!] 이미지 파일 실행 시 기본 설정 바꾸기

이미지 파일을 실행하면 항상 미리보기가 실행됩니다. 그 이유는 맥의 기본 설정이 미리보기로 열리도록 돼 있기 때문입니다.

만약 이미지 파일이 다른 프로그램으로 실행되도록 설정을 바꾸고 싶다면, 파일을 선택하고 마우스 오른쪽 버튼을 눌러 [다음으로 열기]를 클릭한 다음, 원하는 프로그램을 선택하면 됩니다.

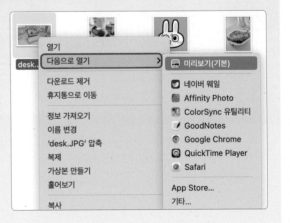

색상 조절하기

미리보기에서 이미지 색상을 조절하려면 앱 메뉴에서 [도구 → 색상 조절...]을 클릭하면 됩니다.

마크업 도구 막대에서 [색상 조절 圉]을 클릭해도 바로 실행됩니다.

 색상 조절을 선택하면 마크업 도구 막대가 나타납니다. 마크업 도구 막대는 [보기 → 마크업 도구 막대 보기]로 열 수 있습니다.

미리보기의 색상 조절 기능은 포토샵 못지않은 강력한 기능을 제공합니다. 색상 조절을 이용하면 노출 및 채도, 세피아 등의 수치를 조절할 수 있습니다. 예를 들어 자동 레벨과 색조를 조절하면 느낌이 전혀 다른 사진으로 변하는 것을 볼 수 있습니다.

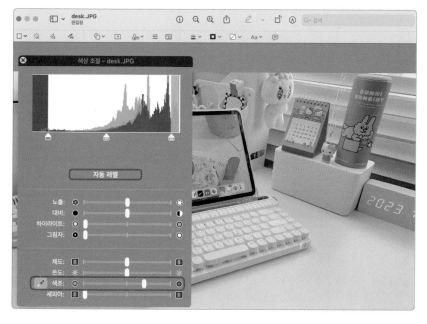

 자동 레벨은 프로그램이 색상 조절 값을 자동으로 지정해 줍니다.

크기 조절 및 잘라 내기

미리보기의 크기 조절 기능을 이용하면 커다란 이미지의 크기를 줄이거나, 회전하거나, 원하는 부분만 선택해 따로 잘라 낼 수 있습니다.

이미지 크기를 조절하려면 [도구 → 크기 조절...]을 클릭합니다. 너비와 높이, 해상도 등을 변경한 후 [확인]을 클릭하면 이미지의 크기가 조절됩니다.

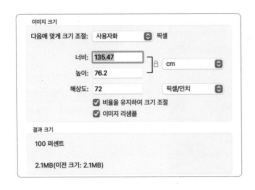

이미지 크기를 조절하지 않고 원하는 영역만 따로 저장하고 싶다면, 이미지에서 원하는 부분을 드래그하면 됩니다.

선택한 부분만 남기려면 (command ⌘) + (K)를 누르세요.

 선택한 부분만 없애려면
(command ⌘) + (X)를 누르세요.

이미지에 텍스트와 말풍선 넣기

마크업 도구 막대에서 [텍스트 [가]]를 클릭하면 글자를 입력할 수 있습니다.

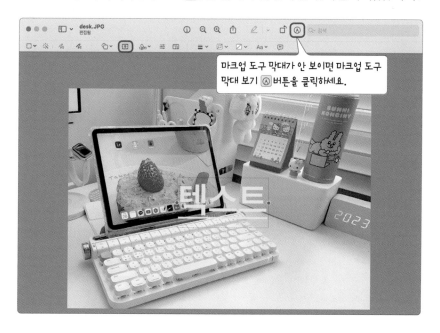

마크업 도구 막대가 안 보이면 마크업 도구
막대 보기 Ⓐ버튼을 클릭하세요.

원하는 글자를 입력하고 [텍스트 스타일 Aa]을 클릭하면 서체와 글자 크기, 밑줄, 정렬 등을 적용할 수 있습니다.

마크업 도구 중에서 [도형 ⃞]을 클릭한 후 ⃞을 클릭하면 이미지에 말풍선을 넣고, 편집하거나 조절할 수 있습니다.

처음에는 말풍선이 기본으로 적용된 서식으로 나타납니다. [테두리 색상 ▣]을
클릭한 후 원하는 색상을 선택하면 테두리 색을 변경할 수 있습니다.

말풍선의 가운데를 클릭해 글자를 입력합니다.

이번에는 말풍선의 모양을 조절해 보겠습니다.
오른쪽 그림처럼 말풍선의 꼬리 부분을 잡고 원하는
방향으로 드래그하면 됩니다. 또한 안쪽 녹색 점을
잡고 이동하면 말풍선 꼬리의 너비를 조절할 수 있
습니다.

확대기로 이미지 크게 보기

이미지에서 특정 부분을 크게 보고 싶을 때는 [도구 → 확대기 보기]를 클
릭해서 확대기를 실행하세요.
확대기를 원하는 곳 위로 드래그하면 해당 부분이 확대돼 나타납니다.

트랙패드에서 두 손가락을 모으거나 펴는 동작으로 확대기의 크기를 축
소하거나 확대할 수 있습니다. 키보드에서 ⊞, ⊟를 이용해도 확대기의
크기를 조절할 수 있습니다.

사이드바 활용하기

미리보기를 사용하면 하나의 파일을 열어 보는 것은 물론, 여러 개의 파일을 실행하거나 슬라이드쇼를 볼 수도 있습니다. 여행사진이나 아이들의 성장기록을 이미지로 모아 슬라이드쇼 보기를 하거나, PDF 파일로 만들어 보세요.

이미지를 추가하기 위해 미리보기에서 왼쪽 상단의 [사이드바 ▣▾]를 클릭한 후 [축소판]을 클릭합니다. 그런 다음 파인더에서 파일을 왼쪽 사이드바 영역으로 드래그하세요.

🍎 메뉴 막대에서 [보기 → 축소판]을 클릭해도 됩니다.

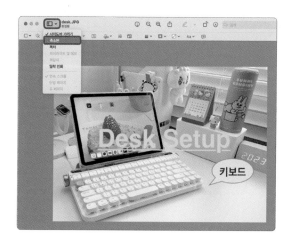

추가한 파일 두 개 모두 사이드바에 축소판으로 나타납니다. 이곳에서 선택한 파일은 오른쪽 창에 나타납니다.

슬라이드쇼를 실행하기 위해서는 메뉴에서 [보기 → 슬라이드쇼]를 클릭합니다.

슬라이드쇼 화면에서 이미지 위에 포인터를 위치하면 화면 하단에 제어기가 나타나는데, 여기에서 정지, 이미지 넘기기와 종료를 할 수 있습니다. 또한 키보드의 esc 를 눌러도 슬라이드쇼를 종료할 수 있습니다.

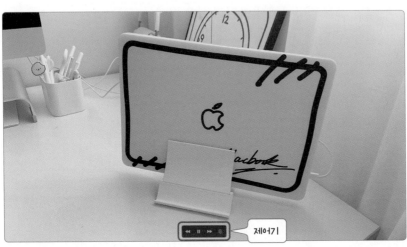

PDF로 내보내기

앱 메뉴에서 [파일 → PDF로 내보내기]를 클릭하고 파일명을 변경한 뒤 [저장]을 클릭하면 PDF 파일이 만들어집니다.

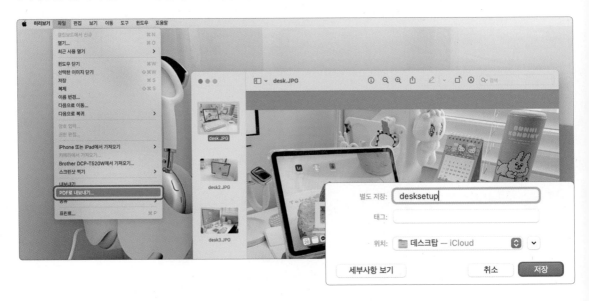

이미지 정보 확인하고 변경하기

미리보기에서는 이미지 정보도 자신이 원하는 대로 변경할 수 있습니다.
화면 상단의 파일 이름 위에 포인터를 올리면 나타나는 아래 방향 화살표
⌄를 클릭하면 파일 이름 또는 태그를 변경하거나 추가할 수 있습니다.

마크업 도구 막대의 빈 공간에서 마우스 오른쪽 버튼을 누른 후, [도구 막
대 사용자화]를 선택하면 도구를 추가하거나 제거할 수 있습니다. 원하는
도구를 드래그해 마크업 도구 막대의 빈 공간으로 이동하세요.

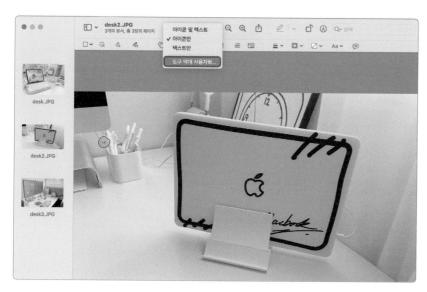

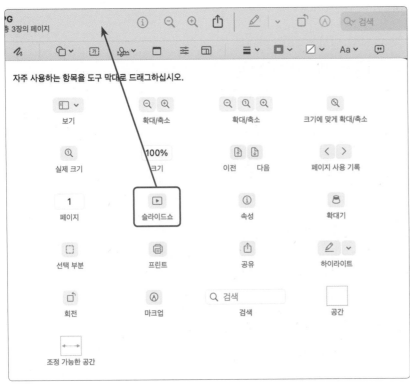

원하는 도구를 드래그해 도구 막대를 원하는 대로 꾸미세요.

이미지의 상세 정보를 보고 싶을 때는 command ⌘ + I 를 누르세요.

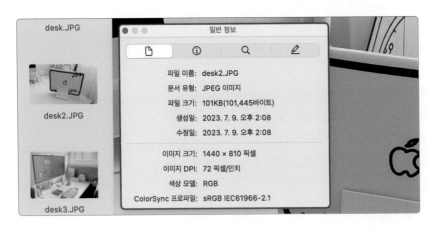

이미지에 키워드를 추가하면 더욱 편리하게 검색할 수 있습니다. 키워드를 이용하면 맥의 스팟라이트 검색이 더욱 쉬워집니다. 예를 들어 파일 이름이 '아이폰15'이라 하더라도 키워드에 '애플'을 추가하면 스팟라이트에서 '애플'이라고 검색할 때도 '아이폰15'의 이미지가 나타납니다.

키워드를 등록하고 싶을 때는 [command ⌘] + [I]를 누른 후 [키워드 속성 🔍] 탭을 클릭하세요. [+] 버튼을 클릭하면 새로운 키워드를 추가할 수 있습니다. 모든 수정이 완료되면 [파일 → 저장]을 클릭합니다.

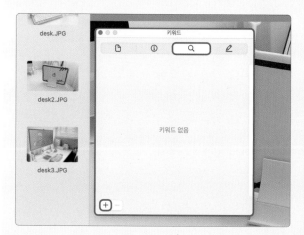
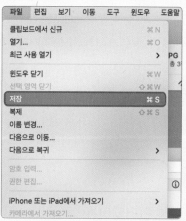

바탕화면이나 파인더 등에서 파일을 선택하고 [spacebar]를 누르면 응용 프로그램으로 열지 않아도 즉시 내용을 확인할 수 있습니다. 훑어보기는 거의 모든 종류의 파일에 적용 가능하며 회전과 공유, 마크업 기능도 제공합니다. 데스크탑, 윈도우, 이메일과 메시지는 물론 파일, 폴더, 사진 등 여러 곳에서 사용해 보세요.

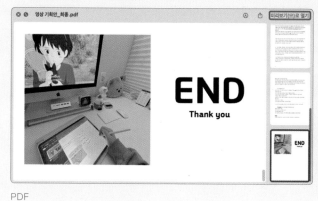

PDF   이미지 파일

06-2

빠르고 간편한 동영상 편집, 아이무비

아이무비(iMovie)는 맥의 동영상 편집 프로그램으로, 애플에서 디자인한 테마를 추가하여 동영상에 독특한 시각적 스타일을 입힐 수 있고, 사진이나 동영상에 필터를 추가하여 보이는 방식을 훨씬 더 다양하게 표현할 수도 있습니다. 또한 음악 보관함에서 배경 음악을 추가하거나 사운드 효과 등을 추가하여 동영상에 멋진 분위기를 만들어 낼 수 있으며, 템플릿을 활용하여 할리우드 스타일의 트레일러를 손쉽게 만들어 볼 수도 있습니다. 여기서는 짤막한 동영상을 직접 다운로드해 합치고 자막을 넣는 작업을 해보겠습니다.

아이무비

아이무비의 기본 인터페이스

아이무비를 처음 실행하면 나타나는 [신규 생성 ➕]을 클릭하면 [동영상]과 [트레일러] 버튼이 보입니다. 여기서 [동영상]은 일반적인 영상을 자유자재로 편집하는 기능, [트레일러]는 아이무비 자체의 기본적인 템플릿을 활용해 짧은 영상을 쉽게 제작할 수 있는 기능입니다. [동영상]을 눌러 실습해 보세요.

 아이폰이나 아이패드를 사용하고 있다면 아이무비를 이미 접해 본 분들도 있을 겁니다. 맥 전용 아이무비는 기능이 더욱 많기 때문에 더 멋진 동영상을 제작할 수 있습니다.

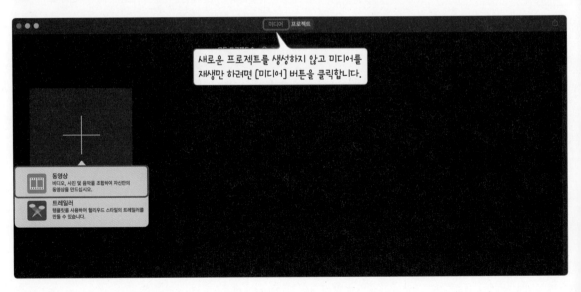

새로운 프로젝트를 생성하지 않고 미디어를 재생만 하려면 [미디어] 버튼을 클릭합니다.

아이무비 살펴보기

아이무비에서 작업을 시작하기 전에 기본 메뉴와 기능을 알아 보겠습니다.

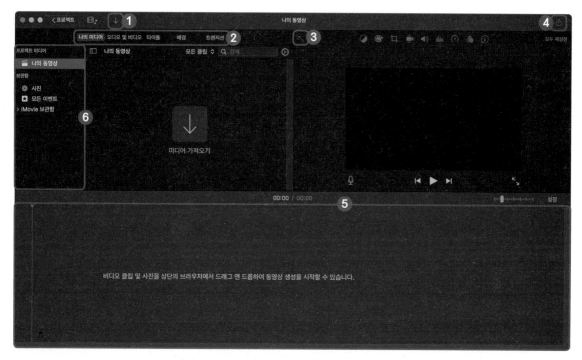

❶ **[가져오기 ⬇]**: 외부 자료를 가져올 수 있습니다.

❷ **[콘텐츠 보관함]**: 미디어, 오디오 자료 및 다양한 타이틀, 배경, 효과를 제공합니다.

❸ **[화질 향상 ✨]**: 동영상의 화질을 높일 수 있는 여러 도구가 있습니다.

❹ **[공유 ⬆]**: 파일을 외부로 내보낼 수 있습니다.

❺ **[타임라인]**: 동영상을 편집하는 작업 영역입니다

❻ **[보관함 목록]**: 사용자의 사진 보관함에 접근해서 비디오 및 사진을 가져올 수 있습니다.

영상에 여러 가지 효과를 주고 싶을 때는 [콘텐츠 보관함]에서 [트랜지
션] 버튼을 클릭하면 됩니다. 여기서는 동영상 자체의 효과가 아닌, 2개
의 동영상이 겹칠 때의 효과를 말합니다.

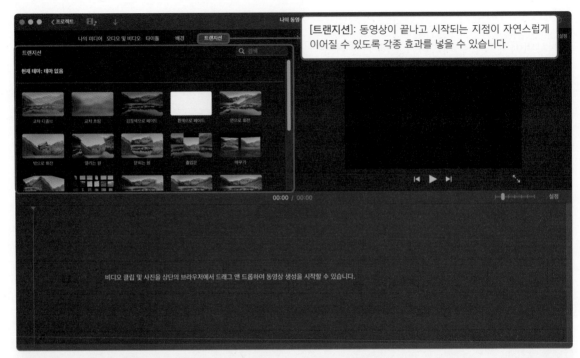

[트랜지션]: 동영상이 끝나고 시작되는 지점이 자연스럽게 이어질 수 있도록 각종 효과를 넣을 수 있습니다.

[트랜지션]을 선택하면 해당 메뉴가 크게 나타납니다.

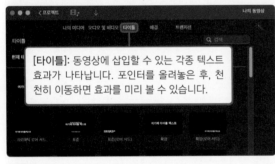

[타이틀]: 동영상에 삽입할 수 있는 각종 텍스트 효과가 나타납니다. 포인터를 올려놓은 후, 천천히 이동하면 효과를 미리 볼 수 있습니다.

타이틀

[배경]: 동영상에 직접 삽입할 수 있는 여러 가지 배경이 나타납니다.

배경

[음악]: 음악 보관함에 있는 여러 미디어 파일을 바로 넣을 수 있습니다.

음악

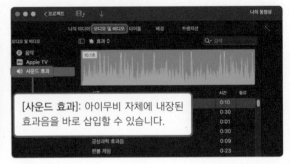

[사운드 효과]: 아이무비 자체에 내장된 효과음을 바로 삽입할 수 있습니다.

사운드 효과

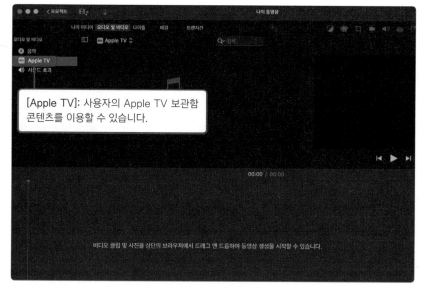

Apple TV

맥은 자체 제작한 프로그램 간의 연동성이 매우 높습니다. 그래서 Apple TV와 다양한 프로그램을 연동해 서로 파일을 가져와 함께 사용할 수 있습니다.

하면 된다! ⟩ 아이무비로 동영상 만들기

아이무비의 기능을 이해하려면 직접 따라 해보는 것이 가장 좋습니다. 오른쪽의 URL을 입력해 샘플 동영상을 다운로드한 후, 동영상을 편집해 보세요.

샘플 동영상 받기
▶ bit.ly/imovie_desktour

1. 동영상을 편집하려면 보관함에 편집할 미디어 파일, 음악 등 필요한 소스를 넣어 둬야 합니다. 앱 메뉴 [파일]에서 [미디어 가져오기]를 클릭 후, 다운로드한 샘플 동영상의 위치를 찾고 [선택한 항목 가져오기]를 클릭하여 파일을 보관함으로 불러옵니다.

2. 보관함에서 편집할 동영상을 선택하고 클립 위로 포인터를 앞뒤로 움직이면 비디오를 미리보기(오른쪽의 큰 창)로 스키밍할 수 있습니다. 스키밍은 비디오를 미리 보거나 특정 순간을 빠르게 찾을 때 유용합니다.

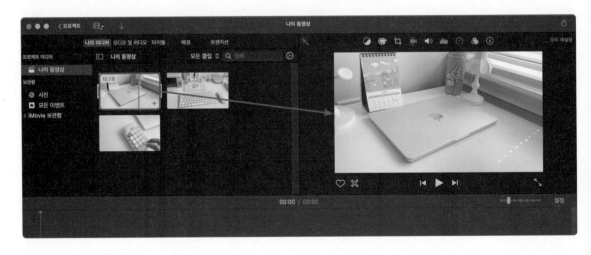

3. 방금 선택한 클립을 아래 타임라인으로 드래그하면 동영상이 작업 창에 추가됩니다.

 타임라인에서 동영상은 편집된 전체 영상, 클립은 하나하나의 개별적인 영상 조각을 의미합니다.

 [타임라인]에서는 현재 제작하는 동영상의 모든 작업을 처리할 수 있을 뿐 아니라 동영상을 저장하면 이곳의 편집본이 그대로 저장됩니다. 여러 동영상과 음악, 특수 효과를 [타임라인] 영역에 추가하고 편집해 독창적인 동영상으로 만들 수 있습니다.

4. 뒤에 이어질 동영상을 넣기 위해 다른 클립을 선택한 후, 타임라인의 동영상 뒤로 드래그합니다. 이때 클립의 양 끝을 드래그해 영상의 길이를 조절할 수 있습니다. 동영상의 길이를 원하는 만큼 조절한 후 타임라인으로 드래그하세요.

영상을 원하는 부분만 선택할 수 있어요.

현재 동영상 뒤에 놓으면 새로운 클립이 추가되고 2개의 영상이 하나의 동영상으로 됩니다. 이후 계속 동영상을 추가하려면 이와 동일한 방식으로 원하는 위치에 놓으세요.

5. [트랜지션 → 교차 디졸브]를 클릭한 후, 2개의 클립 사이로 드래그해
서 추가할 수 있습니다. 이때 추가한 효과는 동영상 전환 시에 나타나는
효과를 의미합니다.

6. 방금 추가한 전환 효과를 더블클릭하면 효과가 실행되는 시간을 조절
할 수 있습니다. 현재 적용한 전환 효과는 두 클립이 전환될 때 나타나므
로 좀 더 부드러운 화면 전환을 연출합니다.

7. 자막 넣기

[타이틀]을 클릭하면 클립에 자막을 넣을 수 있습니다. 즉, 원하는 위치에
자막을 적용할 수 있습니다. 원하는 효과를 선택한 후, 클립 위로 드래그
하면 그 위치에 타이틀이 적용됩니다. 이 위치는 변경할 수 있으며, 적용
된 타이틀을 클릭하면 글자를 입력하거나 수정할 수 있습니다.

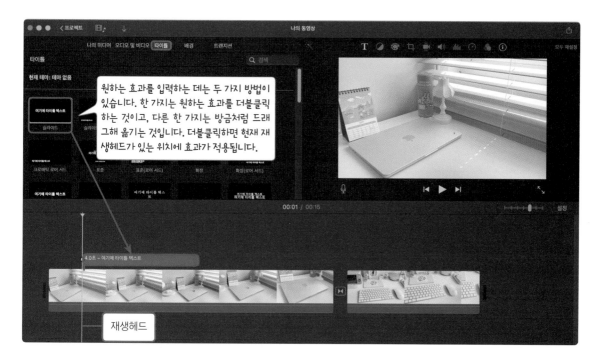

8. 타이틀을 원하는 위치로 드래그해 옮길 수 있습니다.

9. 타이틀을 클릭한 후, 원하는 글자를 입력할 수 있습니다.

10. 서체 목록 중에서 원하는 서체를 선택할 수 있습니다.

11. 클립이 표시되는 간격을 조절하려면 조절바를 좌우로 이동하여 간격을 조절합니다. 클립이 많을 때는 간격을 좁게 설정하면 편하지만 섬세한 편집을 할 때는 넓게 설정하는 것이 편합니다.

 조절바 단축키:
command ⌘ + + / −

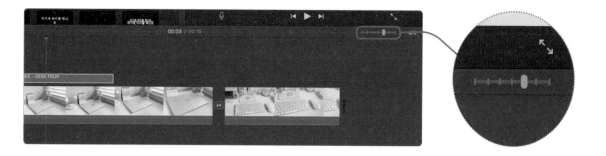

12. [배경] 효과를 동영상에 적용할 수 있습니다. 이때에도 원하는 효과를 드래그해 동영상의 원하는 위치에 올려놓으면 됩니다.

13. [화질 향상 ⚙]을 클릭하면 선택한 클립의 비디오와 오디오의 품질을 자동으로 향상시킵니다. 세세한 조절은 바로 오른쪽의 도구 버튼을 하나씩 클릭하면서 적용해 보세요!

14. 현재까지 편집한 동영상을 저장하려면 [공유  → 파일 내보내기]를 클릭합니다.

파일을 여러 곳으로 공유
할 수 있습니다. 구글 계정
을 이용해 유튜브로 바로
업로드할 수도 있습니다.

15. 이때 [해상도]를 선택해 용량을 조절할 수 있습니다. 용량을 최대한 줄이고 싶을 때는 낮은 해상도, 좋은 화질로 저장하고 싶을 때는 높은 해 상도를 선택하고 [다음] 버튼을 클릭하여 저장합니다.

미리보기 화면 위에서 포인터를
좌우로 이동해 보면, 최종으로
저장될 영상을 미리 확인할 수
있습니다.

06-3

취미에서 전문 작곡·녹음까지, 개러지밴드

음악 작곡 및 녹음, 개러지밴드 앱
난이도 ★★★

개러지밴드(GarageBand)는 음악을 만드는 프로그램으로, 이 프로그램을 사용하면 음악 전문가는 물론 일반인도 손쉽게 작곡할 수 있습니다. 멋진 연주 음악을 즉석에서 만들 수 있는 것은 물론이고, 기타나 피아노 레슨 영상을 볼 수 있는 등의 기능이 추가되면서 날로 업그레이드되고 있습니다. 개러지밴드는 아이패드 사용자들도 애용하고 있지만, 기능이 워낙 많다 보니 아이패드보다 맥에서 활용성이 더욱 큽니다. 개러지밴드를 설명하려면 책 한 권으로도 부족할 만큼 기능이 아주 많습니다. 여기에서는 개러지밴드의 기본 기능을 가볍게 살펴보겠습니다.

개러지밴드를 처음 실행하면 원하는 프로젝트를 선택할 수 있습니다. 우선 [빈 프로젝트]를 클릭한 후 [선택]을 클릭하여 시작합니다.

개러지밴드

 개러지밴드를 사용하면 작곡이나 편곡, 녹음 등도 손쉽게 할 수 있습니다. 음악을 제대로 만들려면 음악 지식이 어느 정도 필요하겠지만 개러지밴드에서 제공하는 루프나 배경음을 활용하면 초보자도 음악을 만들 수 있습니다.

소프트웨어 악기나 록, 오디오 중에서 선택할 수 있습니다. 원하는 형식을 선택한 후, [생성]을 클릭합니다.

개러지밴드의 기본 레이아웃은 다소 복잡하고 어려워 보이지만, 음악을 만드는 데에 최적화돼 있습니다.

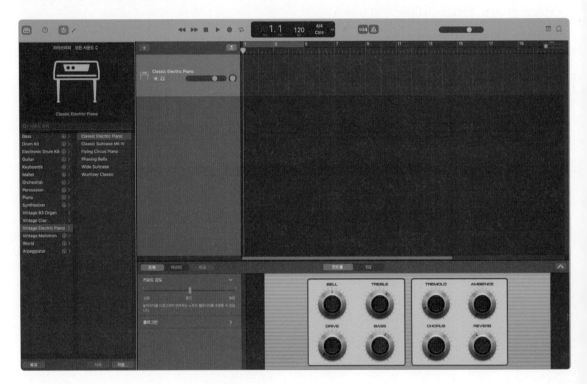

작곡하려는 음악의 장르에 따라 편집 창의 레이아웃이 달라집니다.

❶ [메모장]: 음악을 작곡하다가 갑자기 떠오른 생각을 바로 메모할 수 있습니다.

❷ [사운드팩]: 수십 개의 루프를 사용할 수 있습니다.

여러 가지 악기도 선택할 수 있습니다. 화면 상단의 왼쪽 메뉴에서 [라이브
러리 📨]를 클릭한 후, [Vintage Electric Piano]를 클릭하고 [Wurlitzer
Classic]을 클릭합니다.

새로운 악기를 추가하려면 [추가 ➕]를 클릭합니다. 원하는 형식의 악기나 마이크를 선택하면 악기 목록에 나타납니다.

키보드로 음표 연주하기

앱 메뉴에서 [윈도우 → 키보드로 음표 연주 보기]를 선택하면 키보드로 음표를 연주할 수 있습니다.

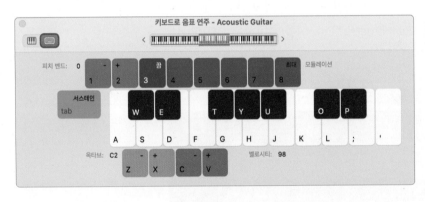

왼쪽의 [키보드 🎹]를 클릭하면 더 상세한 키보드가 나타납니다.

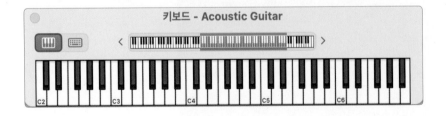

작업한 파일 저장하기

[공유 → 노래를 디스크로 보내기...]를 선택하면 작곡한 곡을 저장할 수 있습니다. 제목과 태그, 위치와 음악 형식 및 음질까지 선택할 수 있습니다. 원하는 형식을 선택한 후, [내보내기]를 클릭하면 노래를 내보낼 수 있습니다.

환경 설정에서 사용자 정보 입력하기

앱 메뉴의 [GarageBand → 설정...]을 클릭한 후, [나의 정보] 탭을 클릭하면 작곡가의 이름이나 앨범 이름 등을 수정하거나 입력할 수 있습니다.

[나의 정보] 탭을 눌러 작곡가의 정보를 입력할 수 있습니다.

06-4

재생부터 녹화까지, 퀵타임 플레이어

맥에서는 퀵타임 플레이어(QuickTime Player)로 동영상을 빠르게 편집할
수 있습니다. 다듬기, 재정렬, 회전과 같은 일반적인 동영상 편집 기능은
물론 동영상을 여러 개의 클립으로 분리하고 각 클립을 개별적으로 편집
할 수도 있습니다. 또한 맥의 화면을 기록할 수도 있어, 맥에서 작업하는
방법을 다른 사람에게 알려 줄 때 아주 유용합니다.

여기서는 맥의 퀵타임 플레이어에서 아이폰의 화면을 녹화하고 편집하는
작업을 해보겠습니다.

퀵타임 플레이어

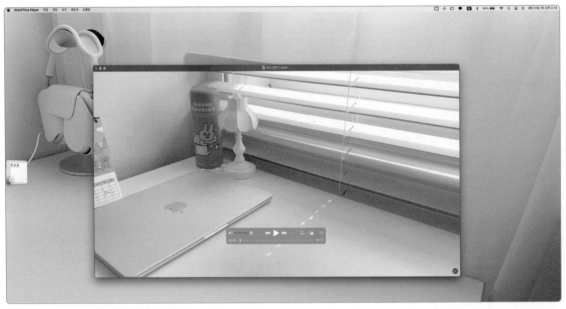

맥에서 동영상 파일을 실행하면 기본적으로 퀵타임 플레이어으로 열립니다.

하면 된다! } 퀵타임 플레이어에서 동영상 파일 열기

1. 런치패드에서 [기타] 폴더를 선택한 후, [QuickTime Player]를 클릭하여 실행합니다.

 스팟라이트에서 'QuickTime Player'를 검색해 빠르게 실행할 수 있습니다.

2. 파일을 선택하고 [열기]를 클릭한 후 [재생]을 클릭하면 동영상이 재생됩니다.

하면 된다! } 맥에서 아이폰 화면 녹화하고 편집하기

퀵타임 플레이어는 맥과 아이클라우드로 연결된 아이폰이나 아이패드와
같은 기기의 화면까지도 녹화할 수 있기에 활용 범위가 넓습니다. 이번에
는 퀵타임 플레이어를 이용한 아이폰 화면 녹화 방법을 살펴보겠습니다.

1. 퀵타임 플레이어를 실행하고 앱 메뉴에서 [파일 → 새로운 동영상 녹
화]를 클릭하면 맥에 모니터 화면이 나타납니다. 이때 [기록 ⚫] 옆의 [옵
션 ⬇]을 클릭하면 연결돼 있는 아이폰 목록이 나타납니다. 여기에서 아
이폰을 선택하면 아이폰 화면이 맥에 나타납니다.

 맥과 아이폰이 같은 애플 아이디로
로그인되어 있어야 합니다.

아이폰 화면

2. [기록 ⚫] 옆의 [옵션 ⬇]을 클릭해 마이크를 변경할 수도 있습니다.
맥에 있는 내장 마이크로 소리를 녹음하려면 [MacBook Pro 마이크]를
선택하고, 아이폰 소리를 녹음하려면 아이폰 이름을 선택하면 됩니다.

기록 버튼 왼쪽의 음량 제어기는
녹화할 때 함께 녹음되는 소리가
동시에 출력되는 크기를 의미합
니다. 소리가 울릴 수 있으므로
스피커를 꺼주세요.

3. [기록 ]을 클릭한 다음부터 기록이 시작되며, 기록이 끝나면 [중단
▶]을 클릭합니다. [공유 및 재생 속도 ≫ → 공유]를 클릭해 방금 녹화한
영상을 여러 곳으로 내보내기 할 수 있습니다.

4. 녹화한 영상 중 잘라 내고 싶은 부분이 있다면 앱 메뉴의 [편집 → 다
듬기...]를 선택합니다. 시작과 끝 부분을 원하는 위치로 드래그하고 [다
듬기]를 클릭하면 나머지 부분은 지워집니다.

5. 녹화 및 편집이 끝나면 윈도우의 왼쪽 위에 있는 [닫기 ●] 버튼을 클릭
한 후 저장하면 됩니다.

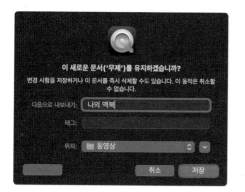

06-5

재미있는 사진 촬영, 포토부스

포토부스(Photo Booth)는 맥에서 제공하는 카메라 앱입니다. 셀피를 찍거나, 새로운 프로필 사진을 만들거나, 친구와 동영상을 촬영할 때 활용할 수 있습니다. 문자 메시지나 이메일로 사진을 보내야 할 때 맥에서도 바로 촬영하여 내보낼 수 있어서 편리합니다. 에어드롭을 사용하여 사진을 공유할 수도 있고, 다양한 재미있는 효과를 적용할 수도 있으니 한번 촬영해 보세요.

포토부스

 아이폰과 아이패드에도 똑같은 포토부스 앱이 있는데, 맥에서 제공하는 기능은 조금씩 다릅니다. 맥의 포토부스는 사진 효과의 종류가 더 많고, 큰 화면으로 볼 수 있다는 장점이 있습니다.

 런치패드나 스팟라이트에서 '포토부스'를 찾아 실행합니다.

분할 촬영, 연속 촬영, 동영상 촬영을 할 수 있습니다.

포토부스 앱으로 사진 촬영하기

효과를 적용하기 위해서는 효과를 미리 지정해야 합니다. 오른쪽 아래에서 [효과]를 클릭하면 27개의 재미있는 효과를 볼 수 있습니다.

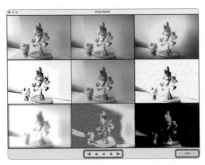

화살표 캡처를 클릭하면 더 많은 효과를 찾을 수 있습니다.

촬영을 시작하기 전에 원하는 효과를 먼저 선택하세요.

포토부스에서는 재미있는 효과를 적용할 수 있습니다.

기본적으로 [사진 찍기 ◉]를 클릭하면 3초 후에 촬영됩니다. 버튼을 누르는 즉시 촬영되게 하려면 키보드에서 (option)을 누른 상태에서 ◉를 클릭하면 됩니다.

촬영하고 나면 오른쪽 아래의 사진 목록에 미리보기 사진이 나타납니다.

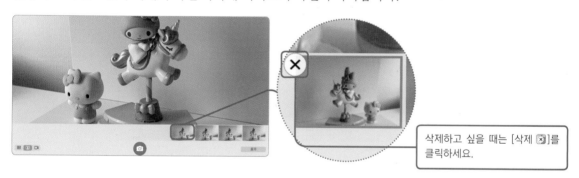

삭제하고 싶을 때는 [삭제 ⊗]를 클릭하세요.

포토부스 앱으로 촬영하면 보정 효과처럼 화면이 흰색으로 변하면서 간접 플래시 효과가 나타납니다. 간접 플래시 효과 없이 생생한 사진을 원할 때는 (shift) + ◉을 클릭하세요.

포토부스 앱으로 동영상 촬영하기

화면 하단에서 [비디오 보기 ▣]를 클릭하여 동영상 모드로 화면을 전환하고 [비디오 녹화 ◉]를 클릭하여 영상을 녹화합니다.

비디오 보기

비디오 녹화

오른쪽 아래의 목록에서 추가된 동영상을 선택한 후, 앱 메뉴에서 [편집 → 동영상 다듬기...]를 클릭합니다.

촬영된 동영상에서 남겨 두고 싶은 부분만 노란색 테두리를 드래그해 영역으로 지정한 후 [다듬기]를 클릭합니다.

[공유 ⬆]를 클릭하면 Mail이나 메시지에 첨부할 수 있고, 사진 앱으로 보낸 후 바로 편집할 수도 있습니다.

이번 장에서는 맥으로 할 수 있는 다양한 창작 활동을 배워 보았어요. '미리보기'로 사진을 꾸미며 인스타그램 피드에 올릴 수 있고, '아이무비'로 멋진 영상을 제작해 유튜브로 바로 업로드할 수도 있답니다. 나만의 콘텐츠를 만들어 세상과 공유해 보세요. 전 세계에 나를 반겨 줄 친구들이 기다리고 있을 거예요. 많은 크리에이터들이 아이폰을 사용하고 있다는 거 알고 있나요? 아이폰으로 촬영하고 맥으로 바로 작업한다면 금상첨화랍니다!

나도 맥 정복 가능!

다음 질문에 바로 대답하지 못했다면 06장을 다시 한번 복습한 후에 07장으로 넘어가세요.

1. 미리보기에서 원하는 대로 사진을 잘라 내고 크기를 조절할 수 있나요? ☑
   ▶ 251쪽을 참고하세요.

2. 아이무비를 이용해 동영상을 간편하게 편집할 수 있나요? ☐
   ▶ 264쪽을 참고하세요.

3. 개러지밴드를 이용해 원하는 음원을 생성할 수 있나요? ☐
   ▶ 275쪽을 참고하세요.

4. 퀵타임 플레이어를 이용해서 현재 맥의 작업 화면을 동영상으로 기록할 수 있나요? ☐
   ▶ 280쪽을 참고하세요.

5. 포토부스를 이용해 사진을 지연됨 없이 바로 촬영할 수 있나요? ☐
   ▶ 284쪽을 참고하세요.

맥에서도 윈도우 PC 운영체제를 사용할 수 있다는 것을 알고 있나요? 맥을 사용하다 보면 윈도우 PC에서만 가능한 작업들이 있어서 아쉬울 때가 있는데, 이럴 땐 패럴렐즈를 통해 맥에서도 간편하게 윈도우 OS를 실행할 수 있습니다. 단, 유료이므로 연간 사용료를 지불해야 합니다.

패럴렐즈는 맥과 윈도우의 자연스러운 연결에 성능도 강력합니다. 맥과 윈도우 PC를 동시 실행 모드로 사용할 수 있으며, 윈도우 PC 앱과 맥 앱 간에 파일 및 이미지를 드래그 앤 드롭으로 이동할 수 있고, 파인더에서 윈도우 PC로 파일 열기도 가능합니다. 패럴렐즈 사이트를 방문하여 자세한 정보를 확인해보세요.

 https://parallels.com/kr

부트캠프 지원으로 맥에 윈도우 10 설치하기

인텔 프로세서가 장착된 맥이라면 부트캠프를 통해 윈도우 10을 설치할 수 있습니다. 단, 부트캠프 지원 업데이트가 포함된 최신 맥OS 업데이트가 필요합니다. 그리고 윈도우10 정품 파일이 있어야 합니다. 유료이니 다음 사이트를 방문하여 확인해 보세요.

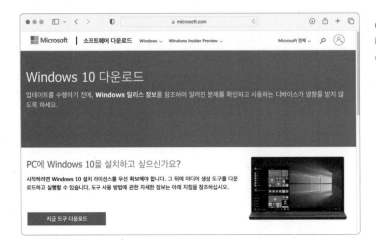

 https://www.microsoft.com/ko-kr/software-download/windows10

프로급 성능의 동영상 편집기를 원한다면 파이널 컷 프로(Final Cut Pro)를 추천합니다. 윈도우 PC에서 프리미어 프로그램을 쓰던 사람들도 파이널 컷 프로의 안정성에 매료되어 맥으로 넘어오는 사람들이 있을 정도로 파이널 컷 프로의 엔진은 강력합니다.

복잡한 프로젝트도 거뜬히 편집하고 더 많은 효과가 요구되는 작업을 빠른 속도로 처리할 수 있으며, 아이폰에서 시네마틱 모드로 촬영한 동영상을 파이널 컷 프로에서 한층 몰입감 있게 연출할 수도 있습니다. 편집부터 오디오, 모션 그래픽, 색 보정 및 전송까지 한 번에 가능하며 차원이 다른 자동 HDR 워크 플로를 제공합니다. 단, 유료이니 다음 사이트를 확인해 주세요.

 https://www.apple.com/kr/final-cut-pro/

일곱 번째 이야기

아이폰, 아이패드와
함께 쓰는 맥

맥을 아이폰 아이패드와 함께 사용하고 있다면, 이번 장을 통해 애플의 연속성에 대해서 알아 두고 꼭 활용해 보세요. 맥에서 쓰는 마우스와 키보드를 아이패드와 아이폰에서도 사용할 수 있고, 아이패드의 애플 펜슬을 맥에서 활용할 수도 있습니다. 그뿐만 아니라 애플 기기 간의 다양한 활용 방법까지 알려 드릴게요!

07-1

애플 생태계 적극 활용하기

연속성 및 핸드오프 설정
난이도 ★★☆

애플은 모든 기기가 하나로 연결된 것처럼 사용할 수 있습니다. 아이폰과 애플워치를 함께 사용한다면 애플의 연속성(Continuity)의 편리함을 경험했을 거예요.

맥도 다른 애플 기기와 연결하여 사용할 수 있습니다. 아이폰 카메라로 촬영하면서 맥에서 바로 영상을 기록해 편집할 수 있고, 애플워치를 착용하고 있다면 아이폰을 꺼내지 않아도 전화를 받거나 걸 수 있으며, 맥의 잠금을 자동으로 해제할 수 있습니다. 또한 맥의 마우스와 트랙패드, 키보드를 아이패드와 함께 동시에 사용할 수도 있습니다. 애플 생태계 안에서는 모든 기기가 하나로 연결되어 많은 일을 할 수 있습니다.

이번 절에서는 애플의 연속성 기능을 켜고, 이후 어떤 일을 할 수 있는지 간단하게 알아보겠습니다.

애플의 아이폰, 맥, 아이패드

하면 된다! 〉 애플의 연속성 활성화하기

1. [애플 메뉴 → 시스템 설정 → 일반]을 클릭하고, 오른쪽 화면에서 [AirDrop 및 Handoff]를 클릭합니다.

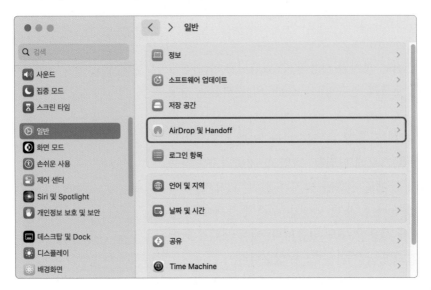

2. [이 Mac과 iCloud 기기 간에 Handoff 허용] 옵션을 클릭하여 켜고 [AirPlay 수신 모드] 옵션도 켭니다. 파란색으로 표시되었다면 활성화된 것입니다.

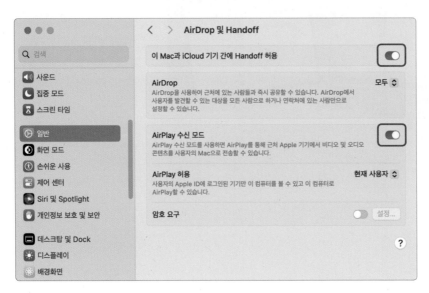

아이폰을 맥의 카메라로

아이폰을 맥의 웹캠처럼 사용하여 영상 통화나 라이브 스트리밍을 할 때
선명한 영상을 제공할 수 있습니다. 또한 맥에서 문서 작업 중에 아이폰
으로 사진을 찍거나 문서를 스캔하면 맥에서 작성하는 문서로 바로 추가
할 수 있습니다. 아이폰으로 스캔한 문서가 PDF 파일로 저장되어 맥의
파인더에서 바로 확인할 수도 있습니다. 아이폰으로 촬영하고, 확인은 맥
에서 바로 할 수 있으니 편집을 위해 파일을 옮길 필요가 없어 아주 편리
합니다. 이 기능은 파인더, 메일, 메시지, 메모, 페이지스, 키노트, 넘버스
에서도 사용할 수 있습니다.

하면 된다! } 맥에서 작성하는 문서에 아이폰 촬영 사진 바로 넣기

맥 페이지스에서 문서 작성 중에 필요한 이미지를 첨부하고 싶을 때에는
바로 아이폰 카메라로 촬영하여 문서에 삽입할 수 있습니다.

1. 맥의 페이지스 윈도우 도구 막대에 있는 [미디어 🖼 → 사진 찍기]를
클릭하면 아이폰 화면이 카메라로 전환됩니다.

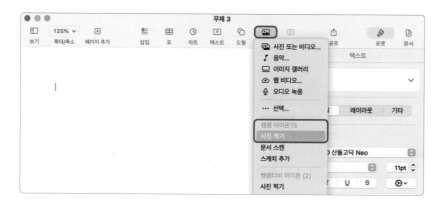

2. 아이폰에서 사진을 촬영하고 [사진 사용]을 탭하면 이미지가 바로 맥
의 페이지스 문서로 첨부됩니다. 문서에서 이미지를 드래그하여 이동하
거나, 선택 영역 핸들을 드래그해 크기를 변경할 수 있습니다.

아이폰의 카메라로 촬영   맥의 페이지스에 바로 첨부된 모습

아이패드의 손글씨를 맥으로 가져오기

연속성 마크업 스케치 기능으로 아이패드에서 애플 펜슬로 그린 그림이
나 손글씨를 맥에 바로 가져올 수 있습니다. 중요 문서에 서명을 하거나,
PDF 문서에 교정할 때 애플 펜슬을 활용해 작업하면 실시간으로 맥에 반
영되어 나타납니다.

맥으로 통화하고, SMS 문자 메시지 보내기

아이폰을 맥과 함께 사용한다면 맥에서 문자 메시지를 확인하고 답장을
바로 보낼 수 있습니다. 아이폰으로 받은 모든 메시지가 맥에도 실시간으
로 업데이트됩니다. 아이폰이 아닌, 다른 기종의 휴대폰에서 발송하더라
도 맥에서 확인할 수 있습니다.

 아이폰에서 맥의 전화 수신이 되지
않는다면 아이폰 [설정 → 전화 → 다
른 기기에서의 통화]에서 [다른 기기
에서의 통화 허용]을 활성화하세요.

맥으로 전화 통화도 할 수 있습니다. 아이폰이 충전 중이거나 다른 방에 있어도 맥으로 전화를 받거나 걸 수 있습니다.

또한 연락처나 캘린더, 메시지, 스팟라이트, 사파리에서 전화번호를 클릭하기만 하면 바로 전화를 걸 수 있습니다.

맥에서 메시지 받기

메시지 앱은 05-7절을 참고하세요.

맥에서 전화 받기

페이스타임 앱은 05-8절을 참고하세요.

애플워치로 맥의 잠금 해제하기

맥을 로그인할 때 매번 잠금 해제를 하려면 번거로운데, 이를 애플워치로 대신할 수 있습니다. [시스템 설정 → Touch ID 및 암호]를 클릭하고 [Apple Watch]를 클릭하여 활성화합니다. 이제 맥 앞에 다가가기만 해도 자동으로 잠금이 해제됩니다.

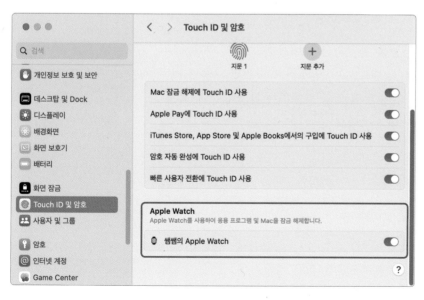

애플끼리는 클립보드도 하나!

아이폰이나 아이패드에서 마음에 드는 글귀나 이미지, 동영상을 발견했다면 그대로 복사한 뒤 맥에 바로 붙여넣기를 할 수 있습니다. 복사, 붙여넣기를 어느 기기에서든 상관없이 할 수 있습니다. 맥의 시스템 파일을 복사해서 다른 맥에 붙여 넣을 수도 있습니다. 기기를 넘나드는 편리한 공통 클립보드 기능을 활용해 보세요.

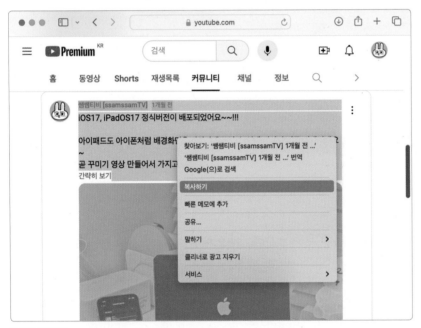

맥에서 복사하기

아이폰 메모에 붙여넣기

이제부터는 애플의 연속성 기능을 차근차근 알아보겠습니다. 다음으로 소개되는 에어드롭, 에어플레이, 핸드오프, 인스턴트 핫스팟, 사이드카, 유니버설 컨트롤 기능도 모두 알아 두면 맥과 함께하는 작업이 눈에 띄게 편리해집니다. 꼭 익혀 두고 사용해 보세요.

07-2

애플만의 파일 공유, 에어드롭

무선 공유, 에어드롭 이해 및 활용
난이도 ★★★

에어드롭(AirDrop)은 애플 기기끼리 문서나 이미지, 비디오, 지도 위치, 웹 사이트 등을 무선으로 전송할 수 있는 기능입니다. 간단한 설정을 통해 근처에 있는 애플 기기로 파일을 손쉽게 공유할 수 있어 편리합니다. 회의 중이거나 친구를 만났을 때 사용해 보세요!

에어 드롭

하면 된다! 〉 에어드롭 기본 사용하기

1. 맥의 [애플 메뉴 → 시스템 설정 → 일반]에서 [AirDrop 및 Handoff]를 클릭한 후 [AirDrop]에서 [모두]를 선택합니다.

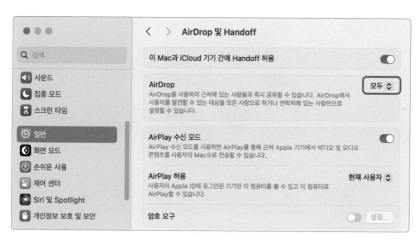

2. 아이폰이나 아이패드의 [설정 → 일반 → AirDrop]을 탭한 후 [모든 사람에 대해 10분 동안]을 선택합니다.

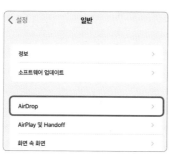

3. 맥에서 옮기고 싶은 파일을 선택한 뒤 마우스 오른쪽 버튼을 누르고 [공유... → AirDrop]을 클릭합니다.

4. 에어드롭 화면에 사용자가 나타나면 파일을 받을 사용자를 클릭합니다. 아이폰(아이패드)으로 사진이 바로 전송된 것을 확인할 수 있습니다.

하면 된다! 〉 아이폰에서 맥으로 사진 전송하기

맥에서 iOS 기기로 파일을 공유할 수 있듯이, 아이폰에서도 에어드롭을 통해 맥과 다른 iOS 기기로 파일을 공유할 수 있습니다. 이번에는 아이폰에서 맥으로 이미지 파일을 전송해 보겠습니다.

1. 아이폰에서 공유하고 싶은 사진 화면에서 [공유 ⬆️]를 탭합니다.

2. 나열된 공유 옵션에서 [AirDrop]을 탭하고 수신자로 맥북을 탭합니다.

3. 맥의 파인더 다운로드 폴더에 아이폰으로부터 전송된 이미지 파일을
바로 확인할 수 있습니다.

 다운로드 폴더는 독의 휴지통 옆에
있습니다.

[알아 두면 좋아요!] 파인더의 여러 가지 파일 공유하기

파일 여러 개를 다수에게 공유할 때는 [파인더 → AirDrop]을 사용하면 더욱 편리합니다. 공유하고 싶은 파일을 에어
드롭 화면의 사용자 위로 드래그하면 바로 전송됩니다. 여러 개의 파일을 한 번에 드래그하여 전송해 보세요.

07-3

아이폰을 맥의 큰 화면으로, 에어플레이

에어플레이
난이도 ★★★

맥의 에어플레이(AirPlay) 기능을 사용하면 다른 애플 기기에서 맥으로 비디오를 스트리밍하거나 화면을 공유할 수 있고 오디오를 재생할 수 있습니다. 맥에서 에어플레이 수신 모드를 설정하고 근처의 동일한 네트워크를 사용하는 모든 맥이나 아이폰, 아이패드에서 비디오 및 오디오 콘텐츠를 수신하여 플레이해 보세요. 아이폰이나 아이패드로 볼 때 답답했던 콘텐츠를 맥의 큰 화면으로 볼 수 있어 편리합니다. 또한 반대로 맥의 콘텐츠를 외부 음향 기기나 대형 TV에서 스트리밍할 수도 있습니다.

하면 된다! } 아이폰의 영상을 맥으로 재생하기

1. 맥을 에어플레이 수신 모드로 설정하기

맥에서 [애플 메뉴 🍎 → 시스템 설정]을 클릭하고 왼쪽 사이드바에서 [일반]을 클릭한 다음, 오른쪽에 있는 [AirDrop 및 Handoff]를 클릭합니다.

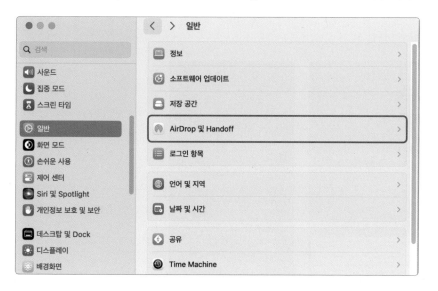

2. [AirPlay 수신 모드]를 활성화하고 [AirPlay 허용] 옆에 있는 팝업 메뉴 버튼을 클릭한 뒤, 에어플레이 기능으로 이 맥에 접근할 수 있는 허용 범위를 선택합니다. 원하지 않는 콘텐츠가 나의 맥에서 스트리밍되는 것을 방지하기 위해 [현재 사용자]로 설정하는 것이 안전합니다.

 [현재 사용자]를 선택할 경우 사용자의 애플 아이디로 로그인한 기기에서만 맥으로 콘텐츠를 스트리밍할 수 있습니다.

 [동일한 네트워크에 있는 모든 사람] 혹은 [모두]를 선택할 경우 모든 맥, 아이폰, 아이패드에서 나의 맥으로 콘텐츠를 스트리밍할 수 있으므로 주의해야 합니다.

3. 다른 기기에서 에어플레이 재생하기

아이폰에서 유튜브 영상을 실행한 후 화면을 탭하면 상단에 [에어플레이] 버튼이 나타납니다. 을 탭하고 재생 대상을 맥으로 선택하면 맥의 화면으로 영상을 시청할 수 있습니다.

 같은 방식으로 아이폰에서 즐겨 듣는 팟캐스트나 음악을 에어플레이로 맥에서 재생할 수 있습니다.

07-4
작업까지 공유하는, 핸드오프

핸드오프(Handoff)는 아이클라우드와 비슷하면서도 다른 기능입니다. 아이클라우드는 저장해 둔 '파일'을 실시간으로 공유할 수 있지만, 핸드오프는 현재 하고 있는 '작업'까지 이어서 할 수 있습니다.

핸드오프를 사용하면 맥에서 작업 중인 정보나 콘텐츠를 다른 기기로 바로 넘겨받아 작업할 수 있습니다. 즉, 핸드오프를 사용하면 맥북에서 하던 작업을 아이패드에서 넘겨받아 작업하거나 아이패드로 하던 작업을 아이폰에서 이어서 작업할 수 있는 것이죠.

핸드오프

아이폰과 맥에서 핸드오프를 활용한 작업

현재는 사파리, 메일, 지도, 미리 알림, 캘린더, 연락처, 페이지스, 넘버스, 키노트, 페이스타임 및 다양한 타사 앱에서 핸드오프가 지원됩니다.

하면 된다! } 핸드오프 연결하고 활용하기

1. 맥의 핸드오프 기능 활성화하기

[시스템 설정 → 일반 → AirDrop 및 Handoff]를 클릭한 후 [이 Mac과 iCloud 기기 간의 Handoff 허용]을 켭니다.

 연결하려는 기기들이 동일한 애플 아이디로 로그인되어 있는지, 같은 와이파이를 사용하는지, 블루투스가 켜져 있는지 확인하세요!

2. 아이폰(아이패드)의 핸드오프 기능 활성화하기

아이폰(아이패드)의 [설정]에서 [일반 → AirPlay 및 Handoff]를 탭한 후 [Handoff]를 켭니다.

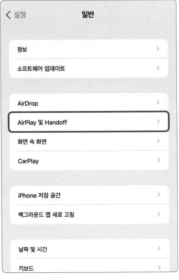

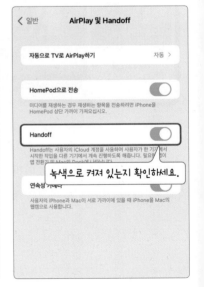

3. 핸드오프를 사용할 기기가 모두 활성화되고 아이폰에서 사파리를 실행하면 맥의 독에 있는 사파리 아이콘에 핸드오프 아이콘이 나타납니다.

사파리 아이콘에 표시된 핸드오프 아이콘

4. 맥에서 [핸드오프 🔳]가 표시된 사파리 아이콘을 클릭하면 현재 아이폰(아이패드)에서 실행 중인 사파리 웹 페이지를 맥에서도 그대로 볼 수 있습니다.

아이폰 화면

맥에서 핸드오프를 실행한 모습

아이패드로 맥의 화면을 가져오려면 아이패드 독에서 핸드오프가
나타날 때 탭하면 됩니다. 작업 중인 화면을 핸드오프가 실행된 후
아이패드로 그대로 가져올 수 있습니다. 맥으로 작업하다 이동할 때
아이패드나 아이폰으로 핸드오프를 실행하면 해당 작업을 이어서
할 수 있습니다.

아이패드에서 핸드오프 사용하기

07-5

언제 어디서나 데이터 연결, 개인용 핫스팟

개인용 핫스팟 이해 및 활용
난이도 ★☆☆

맥북을 집이나 회사가 아닌, 와이파이 사용이 자유롭지 않은 야외나 학교, 카페에서 사용하고자 할 때는 아이폰의 셀룰러 데이터 연결을 공유하여 인터넷 연결을 할 수 있습니다. 개인용 핫스팟(Personal Hotspot) 기능을 사용하여 야외에서도 와이파이 걱정 없이 맥에서도 언제 어디서든 인터넷 연결을 해보세요.

개인용 핫스팟

 아이패드가 셀룰러 모델이라면 개인용 핫스팟 기능으로 맥과 데이터를 공유할 수 있습니다.

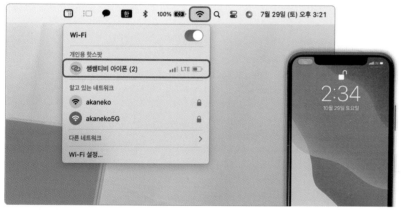

개인용 핫스팟은 어떤 애플 기기에서나 간편하고 빠르게 접근할 수 있습니다.

하면 된다! } 아이폰의 개인용 핫스팟으로 맥 인터넷 연결하기

1. 먼저 아이폰에서 [설정 → 셀룰러 → 개인용 핫스팟 또는 설정]을 탭하고 '개인용 핫스팟'에서 [다른 사람의 연결 허용]을 탭합니다.
여기에 표시된 와이파이 암호와 기기 이름을 확인합니다.

 [설정 → 개인용 핫스팟]에서 [가족 공유]를 켜면 가족이 비밀번호를 입력하지 않아도 개인용 핫스팟에 자동으로 연결할 수 있습니다.

2. 맥의 메뉴 막대에서 [와이파이 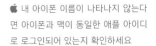]를 클릭하고, 나의 아이폰 이름을 선택하면 아이폰의 셀룰러 데이터를 공유하여 인터넷을 사용할 수 있습니다.

🍎 내 아이폰 이름이 나타나지 않는다면 아이폰과 맥이 동일한 애플 아이디로 로그인되어 있는지 확인하세요

🍎 와이파이가 개인용 핫스팟으로 연결되면 맥의 와이파이 상태 메뉴에서 아이폰의 배터리 상태와 셀룰러 신호 강도를 확인할 수 있습니다.

3. 핫스팟 연결을 해제하려면 아이폰에서 [개인용 핫스팟 → 다른 사람의 연결 허용]을 비활성화합니다.

🍎 아이폰의 제어 센터에서도 연결을 해제할 수 있습니다.

07-6

아이패드를 보조 디스플레이로, 사이드카

사이드카 이해 및 활용
난이도 ★☆☆

아이패드와 맥을 함께 사용한다면 사이드카(Sidecar) 기능을 이용해 맥의 데스크탑을 아이패드로 확장하거나 미러링하여 사용할 수 있어 아주 편리합니다. 회의나 공동 작업을 할 때 나의 맥북 화면을 아이패드로 다른 사람들이 함께 볼 수 있고, 여러 가지 다양한 작업을 한꺼번에 할 때 확장된 디스플레이로 아이패드를 사용할 수 있어 일의 효율을 높일 수 있습니다.

각 기기를 동일한 애플 아이디로 로그인하고 맥이 최신 버전의 맥OS를 사용하고 있는지 확인한 후 사이드카 기능을 이용해 보세요. 두 기기가 10m 이내에 위치하고 블루투스, 와이파이 및 핸드오프 기능이 켜져 있어야 합니다. 여기에서는 맥북에서 메모를 작성하다가 아이패드로 이어서 작업해 보겠습니다.

 아이패드에서 맥의 키보드와 마우스, 트랙패드를 함께 사용하고 싶다면 유니버설 컨트롤 기능을 사용해야 합니다. 07-7절을 확인하세요.

하면 된다! } 맥의 작업을 아이패드로 이동하기

1. 메모 앱을 열고 [새로운 메모 생성 ▣]을 클릭한 뒤 메모를 작성합니다. 파인더에서 메모에 넣고 싶은 이미지를 찾아 메모 위로 드래그합니다.

 런치패드, 스팟라이트에서 메모 앱을 찾아 실행합니다.

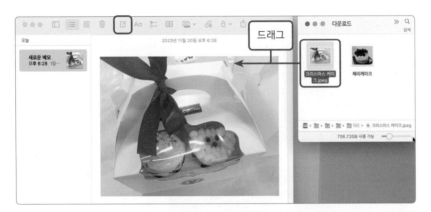

2. 메모 윈도우의 [전체 화면 ●] 버튼 위로 포인터를 위치한 다음 [나의 iPad 버전으로 이동]을 클릭하면 맥에서 작업하던 메모 윈도우가 아이패드로 이동합니다.

 맥의 다른 윈도우를 추가로 이동할 때에는 맥의 윈도우를 아이패드로 드래그해도 됩니다.

맥북 화면

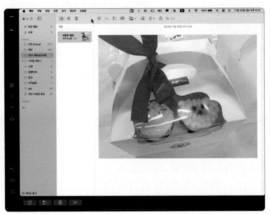

아이패드 화면

3. 아이패드에서 애플 펜슬을 활용해 이미지를 꾸며 줍니다. 이미지 위에 나타나는 [옵션 ⌄] 버튼을 클릭하고 [마크업 ◎]을 클릭하면 마크업 도구 막대가 나타납니다.

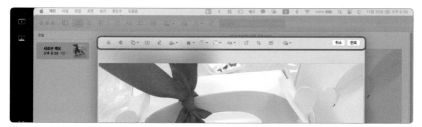

4. 꾸미기가 완성되었다면 [완료] 버튼을 클릭하고, 아이패드 왼쪽 하단의 [연결 해제 ▣]를 탭하면, 메모 윈도우가 다시 맥으로 돌아옵니다.

 연결을 해제하지 않고 해당 윈도우만 맥으로 보내려면 포인터를 [전체 화면] 버튼 위로 이동한 다음 [Mac으로 윈도우 다시 이동]을 클릭합니다.

맥의 화면을 그대로 아이패드에 미러링하려면 메뉴 막대에서 [화면 미러링 ▣]을 클릭한 후 미러링 옵션을 선택하면 됩니다. 메뉴 막대에 미러링 메뉴가 보이지 않을 때에는 [제어 센터 ▣]를 클릭하면 [화면 미러링] 버튼을 확인할 수 있습니다. 클릭하면 바로 맥의 화면이 아이패드로 미러링되어 나타납니다.

맥 디스플레이를 확장하거나 미러링하는 동안 애플 펜슬을 활용하면 아이패드에서 그리기, 사진 편집하기 등을 할 수 있습니다. 마치 와콤과 같은 태블릿 PC를 사용하는 것처럼 말이죠! 활용 방법은 무궁무진하니 꼭 활용해 보세요.

07-7

아이패드와 키보드·마우스 공유, 유니버설 컨트롤

유니버설 컨트롤 이해 및 활용
난이도 ★☆☆

유니버설 컨트롤(Universal Control)은 맥과 아이패드가 서로 가까이 있는 경우 맥에 연결된 키보드와 마우스, 트랙패드를 아이패드에서도 함께 사용할 수 있는 기능입니다. 작업 중에 마우스 포인터만 이동하는 것이 아니라 파일도 간편하게 드래그하여 이동할 수 있어서 편리합니다. 두 기기를 동일한 애플 아이디로 로그인하고 같은 와이파이에 접속한 후 블루투스, 핸드오프 기능을 켜놓은 다음 유니버설 컨트롤 기능을 사용해 보세요.

하면 된다! } 맥의 마우스, 트랙패드를 아이패드에서 사용하기

1. 유니버설 컨트롤 기능을 사용하는 것은 참 쉽습니다. 맥에서 마우스나 트랙패드를 사용하여 포인터를 아이패드가 있는 쪽으로 가져가기만 하면 포인터가 아이패드 화면으로 이동하여 바로 나타납니다.

🍎 처음 이동할 때에는 맥의 포인터를 아이패드와 가까운 방향의 가장자리로 가져가서 잠시 멈춘 다음, 화면 너머로 이동하면 됩니다.

맥과 아이패드 함께 사용하기

2. 포인터가 이동하지 않는다면, 메뉴 막대의 [제어 센터 ▦]를 클릭하고 [디스플레이]를 클릭한 후 [다음으로 키보드 및 마우스 연결:]에서 [나의 iPad]를 클릭합니다.

 맥과 아이패드가 연결되면 두 기기에서 마우스와 트랙패드, 키보드를 자유롭게 함께 사용할 수 있습니다.

화면 정렬 변경하기

맥과 아이패드의 위치가 바뀐다면, 디스플레이 설정에서 정렬을 변경해야 합니다.

[애플 메뉴 → 시스템 설정 → 디스플레이]를 클릭하고 [정렬...] 버튼을 클릭합니다.

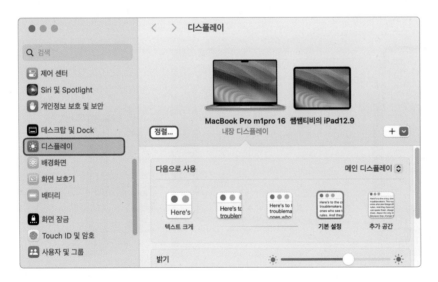

아이패드 이미지를 드래그하여 바뀐 위치로 이동하고 [완료] 버튼을 클릭
합니다.

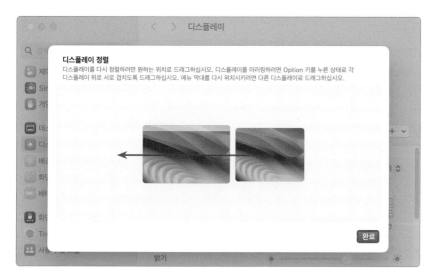

  맥에서 아이패드 쪽으로 포인터를
이동하여 넘기면 아이패드 화면에 포
인터가 바로 나타납니다.

연결 해제하기

맥의 메뉴 막대에서 [디스플레이 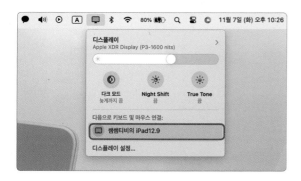]를 클릭하고 [다음으로 키보드 및
마우스 연결:]에서 [나의 iPad]를 클릭하면 연결이 해제됩니다.

드디어 마지막 장까지 왔습니다! 여기까지 온 여러분을 칭찬합니다. 맥북을 처음 구입하던 날을 기억하나요? 두근두근했을 여러분에게 즐거운 맥북 메이트가 되고자 많은 내용을 꾹꾹 눌러 담았습니다. 그동안 많은 것을 배우고 익혔습니다. 이제는 애플의 연속성까지 알게 되었으니, 언제 어디서나 애플 기기와 함께 다양한 작업을 할 수 있게 되었어요. 맥북을 자유자재로 다루며 많은 작업을 가볍게 해낼 여러분의 모습을 상상합니다. 파이팅!

나도 맥 정복 가능!

다음 질문에 바로 대답하지 못했다면 07장을 다시 한번 복습하세요.

1. 맥과 함께 아이폰, 아이패드를 편리하게 사용할 수 있나요? ☑
   ▶ 291쪽을 참고하세요.

2. 맥에서 작업한 파일을 아이폰에서 자유롭게 열어 볼 수 있나요? ☐
   ▶ 297쪽을 참고하세요.

3. 에어플레이 기능을 사용하여 아이폰에서 보던 영상을 맥에서 재생할 수 있나요? ☐
   ▶ 301쪽을 참고하세요.

4. 핸드오프 기능을 활용하여 맥에서 하던 작업 그대로 아이폰에서 할 수 있나요? ☐
   ▶ 303쪽을 참고하세요.

5. 개인용 핫스팟 기능을 활용하여 언제 어디에서나 맥에서 인터넷을 사용할 수 있나요? ☐
   ▶ 307쪽을 참고하세요.

6. 사이드카 기능을 활용하여 맥의 화면을 아이패드로 미러링하거나 확장하여
   사용할 수 있나요? ☐
   ▶ 309쪽을 참고하세요.

7. 맥과 아이패드로 동시에 작업할 때 유니버설 컨트롤 기능을 활용하여
   마우스 포인터를 자유롭게 넘나들 수 있나요? ☐
   ▶ 313쪽을 참고하세요.